LUST ~ volles ~ LEBEN

Band 3

von
Magdalena Almado

In der Liebe
sind sie ***EINS*** *geworden,*
damit wollen sie nun
das Leben vieler anderer berühren

1. Auflage, Dezember 2014
Erschienen im Assam Media Verlag

Lektorat: Sophia und Karina

Email: office@assam-media-verlag.at
Facebook: https://www.facebook.com/magdalenaalmado
Webseite: http://www.magdalena-almado.com

ISBN 978-3-9503820-4-4
ISBN epub 978-3-9503820-5-1

LUST ~ volles ~ LEBEN
ist der dritte Band einer Erotischen Trilogie der Autorin, der im Herbst 2014 im Assam Media Verlag erschienen ist.

Nach Veröffentlichung aller drei Bände
LUST ~ volle ~ LUST *(Band 1)*
LUST ~ volle ~ LIEBE *(Band 2)*

werden ihr autobiografischer Roman mit dem Titel
Überlebt, um zu LEBEN
sowie ein Band mit ***Lyrischer Prosa*** folgen

Zu diesem Buch

In diesem dritten Band schließt sich ein Lebenszyklus, der mit Lust, die oftmals nur ein Ersatz für Liebe war, begonnen hat, und zu einer wahren Begegnung in wirklicher Liebe führt. Im Erkennen dieser tiefen Liebe und im eigenen Erleben einer *‚sacred relationship‘* werden nun jenem Paar, das sich nach jeweils intensiven Lebensjahren gefunden hat, die Möglichkeiten eröffnet, vielen Menschen dazu zu verhelfen, Sex in wahre Erotik und Lust in pure Ekstase zu transformieren.
Die beiden folgen ihrer gemeinsamen Passion.

Magdalena und Isaias werden *Lehrer und Meister im Wesen der Liebe*. Sie wollen Menschen einen neuen Weg in unglaubliche Dimensionen zwischenmenschlichen Seins eröffnen und letztlich auch in höhere Ebenen sexuellen Erlebens führen, wenn diese bereit sind, sich ohne Vorbehalte aufeinander einzulassen - in tiefem Vertrauen und vollkommener Hingabe - und vor allem in bedingungsloser Liebe.

Die beiden kreieren eine *neue Form* der Vermittlung tief gelebter und möglicher Einheitserfahrungen für Liebespaare. So begleiten sie Menschen in ihren Workshops *„In LUST und LIEBE LEBEN“* in vielfältige Ebenen gelebter Partnerschaft und Sexualität.
In den Briefen und E-Mails, die sie von ihren Teilnehmerinnen und Teilnehmern sowie von einigen Paaren, seien es heterosexuelle oder homosexuelle, nach ihren Workshops erhalten, erfahren sie von wunderbaren Verwandlungen in deren Beziehungen und sexuellen Begegnungen. Vielen dieser Menschen, die sie begleitet hatten, konnten sie neue Tore zu lustvoll gelebter Liebe öffnen …

In dieser Weise kann sich unser Leben, das den Meisten mehr zum Überleben dient, zu wahrhaft *in Lust und Liebe gelebtem Leben* entfalten, um möglicherweise …
... das Paradies schon auf Erden zu erfahren.

Über die Autorin

Magdalena Almado, die ursprünglich als Juristin tätig war, ist ihrer Passion gefolgt und hat sich nun als Ausdruckstänzerin und Autorin unter diesem Pseudonym, dem künstlerischen Weg verschrieben.

Ihre sehr traumatische Lebensgeschichte und ein Überleben vieler schwerwiegender Erlebnisse, unter anderem eines beinahe tödlichen Unfalls, bei dem sie sich - alleine und schwer verletzt aus einem von hohen Wellen des Atlantischen Ozeans überfluteten Felsengebiet retten musste, waren Auslöser, mit dem Schreiben zu beginnen. Zuerst schrieb sie *Lyrische Prosatexte*, um in weiterer Folge einen *autobiografischen Roman* zu verfassen.

Eine Begegnung mit einem außergewöhnlichen Liebhaber und ihre große Sehnsucht nach einer erfüllten Liebe mit dem Mann ihres Herzens, waren schließlich Inspiration, Highlights ihres eigenen Lebens, die eine Verwebung gelebter Realität mit Fantasien, Sehnsüchten, Gedanken und Visionen darstellen, in einer *Erotischen Trilogie* niederzuschreiben.

Magdalenas größte Vision ist es, Menschen auf vielfache Weise zu berühren - durch ihre Worte, ihren Tanz, ihre Coachings und Workshops - und gemeinsam mit ihrem *zukünftigen Mann* eine *‚geheiligte Partnerschaft‘* an einem schönen Platz am Meer - oder wo auch immer - zu leben, um mit ihm in einem von ihnen errichteten ‚Zentrum der achtsamen Begegnung‘ Menschen zu einem friedvollen Dasein auf Erden und zu einem in LUST und LIEBE gelebten LEBEN zu begleiten.

In Dankbarkeit
für die Vision,
die mich
durch
gelebte Liebe und Vertrauen
zu meiner wahren Berufung führt
~
Menschen zu einem
in Lust und Liebe gelebten Leben
zu inspirieren

Inhalt

Einleitung

Die Idee, meine Erotische Trilogie in dieser Form auf den Markt zu bringen, folgt meiner Vision, Menschen neue Wege und Möglichkeiten aufzeigen zu wollen. Der Bogen, den ich durch alle drei Bücher spanne ist die Botschaft zu vermitteln, dass wir hier auf der Erde wesentlich friedvoller und achtsamer miteinander leben können, wenn Mann und Frau aufhören, gegeneinander zu kämpfen und sich in Machtspielen zu verlieren. Die Sexualität beinhaltet die Möglichkeit, zu tiefen Verletzungen zu führen, aber ebenso jene, wirklich in Liebe und Einheit miteinander zu verschmelzen.
Sie kann Menschen vernichten oder in vollkommene Glückseligkeit führen.

Ich möchte nun eine Entwicklung darstellen: Magdalena ist eine Frau, die über die Sexualität schon in frühester Kindheit und Jugend tiefe Verletzungen erfahren hat. Durch die Aufarbeitung dieses schweren Traumas und den Ausstieg aus der Opferrolle konnte sie erkennen, dass ihr eigenes höchstes Potenzial dort liegt, wo ihre größte Verletzung stattgefunden hat. Damit will sie Menschen zeigen, dass es möglich ist Sex zu transformieren, Sex vollkommen zu genießen und sich auf dieser

Ebene in höhere und weitere Bereiche zu begeben. Sie selbst weiß darum, dass Sex unbeschreibliche Erfüllung bringen kann, doch erst in Verbindung mit wahrhaft gelebter Liebe, Paare - seien es heterosexuelle ebenso wie homosexuelle - in das weite Feld unbeschreiblich ekstatischer Erfahrungen und Einheitserlebnisse zu führen vermag.
So ist es ihre Passion, durch ihre drei Bücher diese Wandlung aufzuzeigen, um gleichzeitig auch zu vermitteln, dass dennoch immer alles sein darf, was den beiden Partnern wahrhafte Erfüllung bringen kann. Doch bedarf es für diese Entscheidung, was im Moment gelebt werden möchte, der Erfahrung des breiten Spektrums umfassender Möglichkeiten.

Diese beschreibt die Autorin in ihren Büchern.

Von purem Sex – zu tiefer Verschmelzung, von reiner Lust – zu umfassender Ekstase,
von gegenseitiger Benützung – zu wahrhafter, vollkommener Präsenz im Miteinander…

Im ersten Band geht es um Sex, um Lust, um Spiele und Fantasien - um körperliche Erfüllung mit einem Liebhaber, und doch auch Auflösung schmerzhafter Vergangenheitserlebnisse.
Im zweiten Band wird Liebe zum tragenden Fundament aller lustvollen und wahrhaft ekstatischen Begegnungen von Magdalena und Isaias.

Im dritten Band wird durch die Präsenz und Weisheit eines sich hingebungsvoll liebenden Paares vielen anderen Paaren der Weg zu wahrhaft möglichen Einheitserfahrungen aufgezeigt.

Die Botschaft dieser Bücher ist es, aufzuzeigen, wie es vielen Menschen möglich sein kann, durch eigene Bereitschaft und Offenheit eine umfassende Veränderung in ihren Beziehungen und ihrer Sexualität zu erleben.

Mögen meine *Geschichten von Menschen* vielen Menschen neue Perspektiven für ein friedvolles und respektvolles Miteinander eröffnen.

Obwohl die drei Bände in gewisser Weise aufeinander aufgebaut sind, besteht auch die Möglichkeit, mit jedem der drei Bände eine in sich abgeschlossene Geschichte in Händen zu haben.

Prolog

Unsere zweite Hochzeitszeremonie war ein berauschendes Fest der Freude und Ausgelassenheit. Sie wurde von jenem Ehepaar vollzogen, auf dessen Vollmondfest wir ganz zu Beginn unserer gemeinsamen wunderbaren Zeit in Venedig auf magische Art und Weise unsere dritte Begegnung erlebt hatten. Es war das *„Fest der Masken"* in einem venezianischen Palazzo. Eleonora ist eine elegante weise Frau und Leonardo ein ebenso weiser Mann - die beiden verbringen ihr Leben seit über 60 Jahren gemeinsam und ich hatte die Gelegenheit sie in unseren Flitterwochen auf Hawaii - nach unserer Hochzeit auf der Isla Mujeres - näher kennenlernen zu dürfen. Isaias hatte mich überrascht und diese beiden wunderbaren Menschen für drei Tage zu uns ins *Dolphin House* eingeladen, um unter ihrer Anleitung ein *uraltes tantrisches Ritual* mit mir zu vollziehen. Dieses vermochte uns noch weiter in die Unbeschreiblichkeit hoher Bewusstseins-erfahrungen und sexuell-erotischer Ekstase zu führen, und ermöglichte uns, wenige Tage nach ihrer Abreise im *Tempel der Lust* unfassbare Einheitserlebnisse zu genießen.

Dieses außergewöhnliche Paar aus Italien hat bereits vor über 30 Jahren - nachdem ihre vier Kinder liebevoll gemeinsam von ihnen aufgezogen worden waren - damit begonnen, durch die Welt zu reisen und mit ihrem Wissen und ihrer Weisheit Menschen in die Bereiche spiritueller und sexueller Ekstase zu begleiten. Ich war bis zu ihrem Kommen bereits sehr vertraut mit tantrischer Sexualität, aber durch die beiden wurde es mir nun möglich, in Bereiche vorzudringen, die ich zuvor in meinem Inneren nur zu erahnen vermochte.

Nun war es ihr Geschenk, auf Mallorca für uns ein altes Hochzeitsritual zu gestalten, das alle Gäste mit einbezog, und jenen, die dafür offen waren, eine neue Dimension des partnerschaftlichen Seins offenbaren konnte.

Isaias und mir war eine *weitere Hochzeitsnacht* geschenkt, die unsere Einheit einerseits vertiefte und uns andererseits in Folge erkennen ließ, wie sehr wir trotz unserer tief verbindenden Liebe, doch auch im *Alleinsein* wirklich mehr und mehr *‚all-eins‘* sein konnten.

Wir brauchten einander nicht, um glücklich zu sein, doch wollten wir auch keinen unserer gemeinsamen Momente missen.

Es war der Beginn sowohl meiner eigenen als auch unserer gemeinsamen Lebensreise mit allen Facetten vollendet gelebter Einheitsmomente…

Vom ICH BIN zu WIR SIND – EINHEIT

Vor neun Monaten - an einem wunderschönen, strahlenden Tag im September - erlebten wir eine neue Form einer Hochzeitszeremonie, die Eleonora und Leonardo uns bereitet hatten. Es war jenes *tantrisch spirituelle Ritual*, das sie als Geschenk für unser gemeinsames Leben mit uns vollzogen. Es dauerte einen ganzen Tag und eine Nacht, wobei am Tag alle Anwesenden mit einbezogen wurden. Unabhängig davon, ob sie als Single oder Paar kamen, alt oder jung waren, konnten sie ein Geschenk mit nach Hause nehmen. Für die anwesenden Kinder hatten die beiden ihre Enkeltochter und deren Freund mitgebracht, die diesen Tag mit ihnen auf ganz besondere Weise - spielerisch doch spirituell zugleich - gestalteten.

Begonnen hatte alles bereits um 11 Uhr vormittags an jenem sonnig schönen Septembertag auf Mallorca, dem eine Vollmondnacht folgte. Sie baten uns alle, für zehn Minuten gemeinsam in vollkommene

Stille einzutauchen - ungefähr 90 Personen, die in zwei Kreisen um uns standen, während wir in der Mitte in einem Blumenkreis im Schneidersitz einander gegenüber saßen. Ich strahlte in meinem wunderbar bestickten Kleid in allen Regenbogenfarben, du wirktest wahrhaft edel in deiner weißen Leinenhose und deinem Seidenhemd. Wir sollten in der Stille unseren Geist leeren und frei werden für das *Hier und Jetzt*, für diesen Moment der Einheit, in den wir alle gemeinsam eintauchten. Wir befanden uns auf einer wunderbaren Wiese, von der wir auf das Meer sehen und das Rauschen der sanften Wellen vernehmen konnten - umgeben von Menschen, die dieses besondere Ereignis mit uns teilten. Tief blickten wir einander in die Augen und ich hatte in diesem Moment das Gefühl, als würden wir zu einem Körper verschmelzen, in dem wir individuell und zugleich vollkommen eins sein konnten. Es war unglaublich, wie still es in einer solchen Menge von Menschen werden konnte. Sie alle hatten ihre Augen geschlossen, während wir unsere, im Blick zueinander gewandt, offenhielten. Mit einem Gong beendeten sie diese Zeit der Stille und baten uns, noch im Schweigen zu verweilen, um uns zu sammeln und beim nächsten Gong dem jeweiligen Partner oder einer anderen nahestehenden Person leise einen wertschätzenden Wunsch auf die weitere Lebensreise mitzugeben. Es sollte bloß in einem Satz die Essenz dessen vermittelt werden, was man diesem Menschen schenken wollte. Der Austausch dieser Wünsche wurde wieder mit einem Gong eingeläutet und sollte erneut mit Stille enden, um auch dem Empfangenden zu ermöglichen, das Gehörte tief nach innen wirken zu lassen. Danach wurde gewechselt.

„Isaias, für deinen weiteren Weg in diesem Leben möchte ich jene Frau an deiner Seite sein, die in tiefer Liebe und Hingabe all das unterstützt, was zu deinem Besten geschehen soll, in vollkommener Achtung und Verehrung deines göttlichen Wesens - *Namasté*."

„Meine geliebte Magdalena, für deinen weiteren Lebensweg wünsche ich dir das vollkommene Vertrauen in alles, was du tust und lebst, als jene einzigartige Frau, die durch mich in jedem Moment Unterstützung und meine bedingungslose Liebe erfährt - *Namasté*, meine Göttin."

Tränen traten in meine Augen - ich war fassungslos, wie sehr deine Worte und die Energie so vieler wunderbarer Menschen die Umgebung in ein Feld tiefen Friedens eintauchen ließ.

Doch was danach kam, war überwältigend.
All die anwesenden Menschen sollten nun der Reihe nach zu uns kommen und uns als

Hochzeitspaar mit einem Satz einen essenziellen Segen für unser gemeinsames Leben mitgeben. Das gesamte Zeremoniell war sehr ergreifend aufgebaut. Begleitet wurde dieses Ritual von wunderschöner Musik, die all dem noch eine zusätzliche Kraft verlieh, während Eleonora und Leonardo diese harmonisch mit Klängen von Klangschalen und Gongs untermalten.
Die beiden waren die Ersten, die uns ihren Segen gaben - dann kam eine Person nach der anderen, und es war unbeschreiblich, welche Wirkung sie mit ihren Worten der Liebe, der Achtung, der Wertschätzung und auch der Sinnlichkeit auszulösen vermochten. Mir blieb zwischendurch der Atem weg, so sehr berührte mich das alles. Anschließend stellte sich jeder wieder in den Kreis zurück, zu jener Person, die davor bei uns gewesen war. Das weise alte Paar gestaltete den Abschluss für alle mit einem spiralartigen Bewegungskreis um uns herum, die wir das Zentrum waren. Daraus verabschiedete und löste sich einer nach dem anderen, um beim Hinaustreten von den beiden eine weiße Blume mit deren Segensworten mitzubekommen. Unfassbar, wie es möglich war, in Anbetracht der vielen Menschen über fast drei Stunden einen solchen Frieden und diese Stille aufrechtzuerhalten. Ich bewunderte die stete Präsenz und hohe Schwingungsenergie von Eleonora und ihrem Mann.
Am Ende übergaben uns die beiden symbolisch

nochmals unsere Hochzeitsringe, die wir uns hier erneut an den linken Ringfinger steckten und damit unseren Bund in einer noch bewussteren Dimension besiegelten. Sie sprachen uns die Worte vor, die aus einem uralten *tantrisch-vedischen Hochzeitstext* stammten und die wir vertrauensvoll von ihnen übernahmen.
Mit wunderbaren Klängen wurde das Zeremoniell endgültig abgeschlossen und war somit auch das Zeichen für die Kinder, die nun gelaufen kamen, um sich zu uns in den anschließenden Hochzeitstanz zu gesellen.

Eine besondere Überraschung, die ich bei unserem *Liebesfest* auch noch erleben durfte, war das Auftauchen meiner Freundin und künstlerischen Fotografin Danila, die unerwartet mit ihren Kameras vor mir stand, als unser Hochzeitsritual begann. Isaias wusste, wie sehr ich mir ihre Anwesenheit hier gewünscht habe. Sie vermochte für mich immer schon die schönsten Fotos zu *zaubern*, seit ich sie vor vielen Jahren bei einem Tanzworkshop kennengelernt hatte, bei dem sie von mir viele Bilder in unterschiedlichsten Tanzbewegungen gemacht hatte. Als wir damals auch noch feststellten, dass unsere Namen sich so sehr glichen - ich Almado, sie Amodeo - war unsere Gemeinsamkeit auf künstlerischer Ebene besiegelt. Sie gestaltete bisher alle Fotos für meine Ausschreibungen, Bücher und Projekte.

Nun hatte mein geliebter Mann diese wunderbare Künstlerin hierher zu unserem *zweiten Hochzeitsfest* eingeladen, um mir diesen Wunsch nach außergewöhnlichen Fotos zu erfüllen. Zum Abschluss machte sie von uns beiden eine Serie lustvoll verspielter Fotos - sie wusste immer ganz genau, wie ich auf Bildern festgehalten werden wollte.

Danach wurde das Buffet eröffnet und alle ließen sich die *erotischen Gaumenfreuden* schmecken. Unser Hochzeitsbuffet an diesem Platz offenbarte ein kulinarisches Fest von außergewöhnlich zubereiteten Speisen - mit vermutlich aphrodisierenden Zutaten und Gewürzen -, die ebenfalls vielen dazu verhelfen sollten, danach eine Nacht außerordentlicher Sinnlichkeit zu erleben.
Auch die Kinder bekamen auf ihrem eigenen Tisch eine unbeschreibliche Vielfalt speziell für sie zubereiteter Köstlichkeiten.

Wir erlebten ein unbeschreiblich lustvolles Fest der Liebe.

Am Nachmittag stand es den Paaren offen, ob sie ein weiteres Vertiefungszeremoniell ihrer Partnerschaft mit dem weisen alten Ehepaar machen oder einfach nur von ihnen eine Segnung bekommen wollten. Die Menschen scharten sich um sie und um uns, und es unterbrach nichts den Fluss eines ausgelassenen

Festes. Schon zuvor wussten alle, dass der Abend uns vieren vorbehalten bleiben würde, während die anderen sich nicht davon abhalten lassen sollten, diesen dennoch in dieser Atmosphäre des Friedens und der wunderbaren Natur zu genießen.

Um 20 Uhr wurden wir von einem wunderschön geschmückten Auto abgeholt und zu einer Finca geführt, die für diese Nacht nur für uns reserviert worden war.
Die Atmosphäre des mit Kerzen erleuchteten Raumes war berauschend - schon jetzt lag ein sinnlich erotisches Prickeln in der Luft - doch was uns dann als Hochzeitsdinner serviert wurde, war außergewöhnlich. Sie nannten es *„Erotic- Love- Menu"* - die Komposition des Ganzen und was sie bewirkte, war faszinierend. Ich hätte mir nie gedacht, dass Essen eine solch intensive Wirkung entfalten könnte, obwohl ich schon zuvor immer wieder aphrodisierende Köstlichkeiten genossen hatte. Ich hatte von dieser Möglichkeit bloß in jenem spannenden Buch von Martin Suter *„Der Koch"* kurze Zeit bevor wir uns kennengelernt hatten gelesen. Schon damals hätte ich mir so etwas zu erleben gewünscht - dass es nun Realität werden durfte, war für mich in mehrfacher Hinsicht berauschend. Selbst der Name der Komposition wurde von *Maravans „Love Menus"* abgeleitet, der der Koch dieser besonderen Menüs in jenem Buch ist.

Nicht nur, dass die beiden uns in ihrem schon fortgeschrittenen Alter mit voller Kraft nach diesem intensiven Tag ein sinnliches Zeremoniell während des gemeinsamen Dinners bereiteten, war unsere Nacht ein erneut unvergessliches und unbeschreibliches Erlebnis, das uns ein weiteres Mal in eine Welt der gelebten Sinnlichkeit in Liebe eintauchen ließ. All diese Erfahrungen konnten wir zu einem Teil unserer geplanten Workshops werden lassen, sowie alles andere, das wir von diesem wunderbaren Ehepaar als Geschenk für unser *in Lust und Liebe gelebtes Leben* mitbekommen hatten.
Ich bemerkte schon während dieses lustvollen Dinners eine immer intensivere Sensibilität meiner Sinne. Es roch nach Sinnlichkeit, die unterschiedlichen Farben der einzelnen Gänge als auch jene in unserer Umgebung waren gedämpft durch das dezente Licht der Kerzen und doch in ihrer vollen Kraft wahrnehmbar. Wir aßen alle zubereiteten Köstlichkeiten mit den Fingern, was ich immer schon besonders gerne getan habe. Mein Herz begann heftig zu pochen, sich zu weiten und ein Gefühl von Liebe spürbar zu machen, das noch weiter über alles bisher Empfundene hinausging. Gleichzeitig erlebte ich jede kleinste deiner Berührungen als besonders intensiv, so sehr, dass ich manchmal das Gefühl hatte, schon deine bloß zarte Berührung meiner Haut könnte

jeden Moment einen Orgasmus in mir auslösen. Eleonora und Leonardo schien es ähnlich zu ergehen, indessen war ihnen dieses Erleben offensichtlich schon sehr vertraut.
Je sinnlicher die Atmosphäre wurde, umso mehr schienen sie in ihre gemeinsame Energie einzutauchen und uns mit ihrer Aura so sehr zu berühren, dass es uns möglich wurde, wieder einmal in unbeschreiblich viele unserer Parallelexistenzen einzutauchen. In diesen Erfahrungen erkannten wir erneut unsere uns schon immer tief verbindende Liebe, die uns nun ein nochmals intensiveres Wahrnehmen der Lust erfahren ließ. Wir erlebten etwas, das uns sehr erregte, jedoch nicht unmäßig oder begierig aufeinander werden ließ, sondern uns Einheit in jedem Augenblick möglich machte, ohne voneinander abhängig zu sein. Ich spürte meine Sehnsucht nach Vereinigung und war dennoch präsent im Moment, ohne sofort mehr zu wollen - dir schien es ähnlich zu ergehen. Wir befanden uns in diesem prickelnden Feld der Erotik und waren dennoch in Stille der Situation hingegeben.
Als das Dessert kam, aßen wir gemeinsam ein wenig von den Köstlichkeiten, die ihre aphrodisische Wirkung bei uns allen sofort entfalteten.

Noch ein letztes Mal nahmen Eleonora und Leonardo uns in ihr Energiefeld auf - ließen uns eng aneinandergeschmiegt und umschlungen hinstellen und umfassten uns von außen. Wir wurden in ein Feld der Liebe und Erotik eingehüllt, aus dem wir dann von ihnen in unser Schlafgemach geführt wurden, das ebenso mit Kerzen beleuchtet und mit einer unglaublichen Blütenpracht geschmückt war.

Im Badezimmer war ein duftendes Öl-Schaumbad gerichtet, auf dem auch eine Vielzahl von Blütenblättern schwamm.
Liebevoll verabschiedeten sie uns, mit uns nicht verständlichen Worten, die offensichtlich ebenso der alten tantrisch-vedischen Schrift entstammten, wie schon die Worte, die bei unserer *Hochzeitszeremonie* gesprochen worden waren, und auch jetzt unsere Empfindungen noch einmal verstärkten und vertieften.
Danach wurden wir uns selbst überlassen und stiegen gemeinsam in das Badewasser. In der großen Wanne liegend, stellten wir fest, dass direkt über uns eine Fensterfront den Blick in den Himmel ermöglichte, auf dem in diesem Moment hinter den Wolken auftauchend der Vollmond in seiner vollen Kraft am Horizont erstrahlte und unseren Raum in sein blaues Licht hüllte. Wir saßen uns im Bad gegenüber und begannen gemeinsam in einem Atemrhythmus zu schwingen, um ohne jegliche Berührung in ein Feld der ekstatischen Empfindungen einzutauchen, das uns von einer Welle zur nächsten trug. Die durch den Whirlpool ausgelösten Wasserbewegungen und

die Kraft der Massage-Düsen, die auf unsere Körper gerichtet waren und uns zusätzlich in Schwingung versetzten, ließen unser Begehren aufeinander noch intensiver werden. Wir wussten, dass wir nun dasselbe ersehnten…
Zugleich gingen wir in der Mitte der Wanne auf unsere Knie, umarmten uns innig und standen Körper an Körper miteinander auf, um nass wie wir waren in das herrliche Himmelbett zu steigen und uns unserer Liebeskunst vollkommen zu ergeben. Es wurde für uns beide zu einem Fest, das unsere Herzen weitete, unsere Seelen in Dimensionen der Erinnerungen trug und unsere Körper verschmelzen ließ. Ich hatte das Gefühl, meine Pforte zur Glückseligkeit wie eine Lotusblüte sich entfalten zu lassen, um deinen Jadestab, der mir schon unbeschreibliche Freuden geschenkt hatte, in einer neuen Bewusstseinsdimension zu empfangen, ohne zu wissen, wohin es uns führen würde.
Dein wunderschöner Körper war über mir und du blicktest mir in die Augen - ich lag vor dir mit weit geöffneten Beinen, bereit, dich ganz in mir aufzunehmen und gab mich hin. Zärtlich begannst du mit deinen Händen über meine Haut zu gleiten, es war fast nur ein Windhauch, der sie streifte, allerdings von einer Intensität getragen, wie ich sie in der bloßen Berührung so noch nie zuvor erfahren hatte. Ein Beben erfasste jede Zelle meines Körpers, als du fast unmerklich über meine Brüste streiftest und ich

das Gefühl hatte zu zerfließen. Als du dann mit deinen Lippen auch noch die meinen berührtest, während dein Lingam sich sanft auf die Pforte meiner Yoni legte, begann ich mich aufzulösen. Schon während deines unendlich langsamen Eindringens in meine Liebeshöhle erfassten mich diese unbeschreiblichen, unbenennbaren Schauer der Ekstase, in deren Wellen ich das Gefühl hatte, nur mehr als ein Körper gemeinsam mit dir im Ozean der Unendlichkeit zu entschwinden…

Wir kehrten zurück - wann, wie und woher kann ich mit meinen Worten nicht mehr wiedergeben. Das, was wir erlebt hatten, war ein neues Ausmaß menschlicher Lust- und Liebeserfahrungen und dennoch war alles möglich, ein unbeschreibliches Verschmelzen in jedem einzelnen Moment. Es gab keine Trennung zwischen absoluter Stille und ungezügelter Leidenschaft. Wir erlebten einen fließenden Wechsel unterschiedlicher Dimensionen, ohne jegliche Wertung - es wurde alles eins in dieser unendlichen Weite vollendeter Hingabe.
Und … wir hatten in dieser Nacht den Grundstein dafür gelegt, was unsere gemeinsame Passion werden sollte…

Wir wussten, dass es uns nun gegeben war, Menschen in all jene Möglichkeiten gelebter Lust und Liebe zu begleiten, wie wir sie selbst erfahren konnten. Darüber hinausgehend ist uns bewusst geworden, wie sehr diese in friedvollem Miteinander-Sein gelebte menschliche Liebe unseren Planeten doch noch zu einem Platz des Paradieses werden lassen kann.

Nach dieser besonderen *zweiten Hochzeitsnacht* schien bei uns beiden erneut eine Transformation der Energien in Bewegung gekommen zu sein. Auch wenn es mir schon in den Jahren davor immer lebenswerter erschienen war - mein wunderbares Leben - so hatte ich jetzt die Gewissheit, nie mehr funktionieren zu müssen und dennoch in allem was ich tat in lebendiger Freude aufzugehen. Alles, was ich für mich oder wir gemeinsam begannen und weiterführten, entsprang nur aus dem Bedürfnis unserer Herzen.
Endlich fühlte ich *‚wirklich zu LEBEN‘* und dieses Leben einfach zu genießen - in jedem Moment meines Seins. Selbst unsere Konflikte, die sehr selten, aber doch auch manches Mal auftraten, konnten wir in achtungsvoller Bewusstheit lösen. Ich hatte nicht mehr das Gefühl, etwas tun zu müssen, um geliebt zu werden, weil ich wusste, dass ich genau um meiner selbst willen von dir geliebt wurde und daher auch immer mutiger und ohne Verlustängste meine Bedürfnisse und Vorstellungen klar zu definieren wusste.
Isaias′ Hochzeitssegen wirkte nachhaltig - nun

hatte ich dieses vollkommene Vertrauen, dass alles, wie es gerade war, gut war. Nichts verunsicherte dieses Vertrauen in die kommenden Ereignisse. Tatsächlich kam damit auch mein Leben in einen harmonischen Fluss. Es plagten mich weder Zweifel noch unbenennbare Ängste. Damit verließen mich nach vielen Jahrzehnten auch meine tief sitzenden Kopf- und Kreuzschmerzen, die mich bis zu unserer Begegnung beinahe täglich gequält hatten.
Ich war ganz bei mir angekommen und wir erlebten eine wahrhaft magische Zeit.

Schon kurze Zeit nach dieser Zeremonie, einen Monat vor unserer Abreise auf die Isla Mujeres im November, hatte ich eine Gruppe von Frauen um mich versammelt, denen ich jede Woche all das mitgeben konnte, was mir zu den Themen *Weiblichkeit - Sinnlichkeit - Erotik - Lust und Liebe* wichtig und richtig erschien, um ihnen zu helfen, mehr und mehr ein lustvolles und in Liebe gelebtes Leben zu genießen.
So geschah es, in erster Linie durch Mundpropaganda, dass ich am letzten Wochenende vor unserem Abflug einen Workshop parallel zu dir hielt. Meinen gestaltete ich für Frauen, während du eine Gruppe von Männern begleitetest. Wir erschufen einen gemeinsamen Übertitel für all unsere Workshops, denen wir jeweils unterschiedliche Untertitel hinzufügten.

Endlich konnte ich so ganz in meiner Berufung Erfüllung finden und meine erste Frauengruppe anleiten:

In LUST und LIEBE LEBEN
Wochenend-Workshop für Frauen

Eine transformierende Reise
in meine weibliche Erotik

Die Basis des erotisch-sexuellen Bereichs bildeten natürlich tantrische Ansätze, die ich jedoch auf meine Weise unbedingt noch weiterführen wollte. In diesen zwei intensiven Tagen konnte ich den Frauen all das bereits selbst Gelernte, Erfahrene und Gelebte weitergeben - ich blühte vollkommen in meiner Berufung auf und konnte aus einem wunderbaren Repertoire schöpfen. Die Frauen begannen sich in ihrer Schönheit zu entfalten. Wir machten tiefe Atemübungen, um das innere Feuer zu entfachen und daraus in Stille zu versinken. Ich begleitete sie durch Meditationen, Yogaübungen, erotische Tanzeinheiten, Rollenspiele, Selbstmassagen mit duftenden Ölen und jene Achtsamkeitsübung, die mich so tief bei meinem Hochzeitsritual erfüllt hatte. Ich ließ jede Einzelne in der Mitte eines Kreises Platz nehmen - die anderen versanken in Stille, um sie dann für ihr Leben zu würdigen und zu segnen. Einen wichtigen Bestandteil meines Workshops bildete natürlich die Anerkennung

des eigenen Wertes, Selbstliebe und die Entfachung der eigenen Erotik und Lust, um sich einer lustvollen Sexualität hingeben zu können.
Ich war an diesem Wochenende absolut in meinem Element - gab bei Bedarf kurze energetische Einzelbehandlungen und erfreute mich an der immer strahlenderen Schönheit und Erotik meiner Teilnehmerinnen. Am Ende des Workshops wurde ich gebeten, doch auch Einzelcoachings anzubieten, weil gewisse intime Details in der Gruppe keinen Ausdruck finden konnten.
Ich erfuhr, dass von den neun bei mir anwesenden Frauen drei dabei waren, deren Männer an deinem Wochenende teilnahmen. Eine dieser Frauen erzählte mir schon am Sonntag im Vertrauen, welch neue Energie sie mit ihrem Mann in ihrer sexuellen Vereinigung bereits in der letzten Nacht erlebt hatte. Sie meinte, erstmals unerwartet einen vaginalen Orgasmus erlebt zu haben und schien davon selbst überwältigt gewesen zu sein. Sie strahlte tatsächlich und war auch bereit, in der Abschlussrunde ihre lustvolle Erfahrung mit den anderen Frauen zu teilen.
Sie berichtete davon, wie sehr sie sich erstmals in die Begegnung hinein entspannen konnte und in der Umsetzung unserer gemeinsamen Atemübungen erlebte, wie ihr Körper zu beben begann und sie unverzüglich sehr feucht wurde. Das zu erleben, war ihr oftmals zuvor nicht

mehr gegeben und hatte ihr die Angst eingeflößt, dadurch für ihren Mann nicht mehr anziehend zu sein. Allerdings hatte sie auch wahrgenommen, dass ihr Mann ihr ebenso anders und offener begegnete und seinerseits wesentlich präsenter und achtsamer in der Begegnung erschien. So waren sie anscheinend beide in einer neuen Form füreinander bereit. Daraus konnte etwas ganz Neues, für beide Unbekanntes entstehen. Er konnte endlich seine Erektion für lange Zeit aufrechterhalten und erlebte keinen vorzeitigen Erguss, während sie sich tief in dieser Situation zu entspannen vermochte und ihn dadurch weich und offen in sich aufnehmen konnte. Sie genossen die Vereinigung in jedem Moment, bis sie diese für sie überwältigende Welle der Lust erfasste, und sie beide rhythmisch miteinander in einer neugewonnenen Ekstase aufgingen. Erst als sie ihren erlösenden und unglaublich intensiven Orgasmus erlebt hatte, ließ auch er los und ergoss sich in ihr mit einer Kraft, die für ihn selbst ungewöhnlich und neu war.
Diese Erfahrung ließ mich erkennen, wie schnell tatsächlich eine Veränderung vollziehbar sein kann, wenn man wirklich dafür bereit ist.

Ich ging vollkommen auf in meiner Passion.

Das Leben entfaltete sich für mich und uns gemeinsam in seiner vollen Blüte und Schönheit.

Auch in den Monaten auf der Isla Mujeres wurden wir schon vielfach zu Wegbegleitern für Menschen. Ich leitete dort eine Yogagruppe sowie eine wöchentliche Frauengruppe und gab immer mehr Menschen - vor allem Frauen - Unterstützung in Einzelsitzungen, bei denen ich mein vielfältiges Wissen und noch mehr meine Intuition zum Einsatz bringen konnte. Du machtest einmal im Monat eine Geschäftsreise für einige Tage bis zu einer Woche, weil du immer noch viele Menschen in deinen Unternehmenscoachings begleitetest. Ich genoss jeden unserer außergewöhnlichen Momente, die wir in Achtsamkeit und Liebe miteinander verbrachten, jedoch ebenso die Zeiten, in denen mein wunderbarer Mann auf Geschäftsreisen war und ich in die Stille eintauchen konnte, um mich vollkommen auf mich selbst sowie die Planung meiner weiteren Arbeit zu konzentrieren. Zweimal war es mir eine Freude, mit dir zu reisen - einmal nach Peru, ein anderes Mal nach Kalifornien und weiter nach Hawaii- Oahu. Es tat so gut, uns gemeinsam über deine und meine Arbeit auszutauschen und aus all den von uns jeweils gemachten Erfahrungen unsere *Intensivwoche* vorzubereiten und gemeinsam zu gestalten.

Tatsächlich können wir neun Monate nach unserem Hochzeitsritual auf Mallorca unsere erste Woche für Paare anbieten, zu der bereits Menschen aus vier verschiedenen Ländern

kommen werden.
Dieser erste Paar-Workshop hat den Titel:

In LUST und LIEBE LEBEN
Workshop für Paare

Eine transformierende Reise
zu einem in Lust und Liebe gelebten Leben

Verwandlung in der Partnerschaft

Morgen wird unser gemeinsames Projekt starten - am Sonntag um 18 Uhr, zu jenem Zeitpunkt, an dem unsere Gruppe in einer bewirtschafteten Finca, in der alle untergebracht sind, die nicht direkt auf Mallorca leben, erstmals zusammen kommt, um in einer Vorstellungsrunde auch die anderen Paare kennenzulernen und gemeinsam ein Abendessen einzunehmen. Mit diesem Beginn wollen wir schon eine gewisse Vertrautheit aufbauen und wesentliche Fragen abklären.
Wir verbringen unseren letzten Abend davor in großer Sinnlichkeit und tiefer Liebe.
Ich liege in deinen Armen und spüre ein wenig Lampenfieber, obwohl alles bestens vorbereitet ist. *‚So viele Menschen hatte ich noch nie in meinen Kursen. Ob wohl alles klappen wird? Wie werden wir denn die Übergänge fließend hinbekommen?...‘* Wieder einmal spürst du unverzüglich, was in mir vorgeht, ziehst mich ganz selbstverständlich zu dir und meinst in

mein Ohr flüsternd: „Meine geliebte Magdalena, du wirst es wunderbar machen und du weißt, wie sehr wir über unseren Geist verbunden sind und uns wortlos verstehen. Ich bin in jedem Moment bei und mit dir.“ Zärtlich küsst du dich von meinem Ohr Richtung Nacken und weiter zu meinen Brüsten, ganz vorsichtig, ganz langsam - ich entspanne mich tiefer mit unserer schönen Hintergrundmusik, umgeben von all den vielen Kerzen, die in unserem Schlafraum flackern und ein warmes Licht verbreiten. So genieße ich mehr und mehr jeden Moment deiner Berührungen und Küsse. Du schaffst es jedes Mal mir zu helfen, meinen Geist zu leeren und ins Sein einzutauchen ... du küsst meinen Bauch, umkreist mit deiner Zunge meinen Nabel, gleitest weiter zu meiner Vulva - ich spüre wie feucht meine Vagina unverzüglich ist, bereit, deinen herrlich harten Penis in mir zu empfangen, mit dir zu verschmelzen, um in unserer Ekstase in die Herrlichkeit aufzusteigen. Mein Atem wird immer heftiger und mein Unterleib pulsiert, während du mich meine Beine entlang weiter mit Küssen und dem Spiel deiner Zunge verwöhnst, um wieder zurück nach oben zu gleiten und dich in meiner Liebeshöhle, die sich dir schon sehnsuchtsvoll entgegen wölbt, ganz tief zu versenken...

Auf diese Weise kann ich mich tief entspannt und hingebungsvoll dir und dem Kommenden ergeben...

In LUST und LIEBE LEBEN

Eine transformierende Reise zu einem in Lust und Liebe gelebten Leben

Diesen Titel haben wir für all unsere Workshops als Übertitel gewählt, weil er die Essenz dessen enthält, was wir anderen Menschen auf ihre Lebensreise mitgeben möchten, aber vor allem auch selbst Tag für Tag zu leben wünschen.

Erfüllt und dankbar für die Erlebnisse mit unseren ersten Kursteilnehmerinnen und Kursteilnehmern nach einer Intensivwoche, die wir hier auf Mallorca angeboten haben, sitzen wir nun innig umschlungen am Meer und blicken gemeinsam in den Sonnenuntergang. Für diesen Intensiv-Workshop haben wir bewusst eine Woche gewählt, in der auch der Vollmond am Himmel zu sehen war - hat doch all das Gemeinsame, das wir nun tagtäglich miteinander erleben und genießen, in einer besonderen Vollmondnacht begonnen.

Erneut erfreuen wir uns an einem *Juni-Vollmond* - zwei Jahre nach unserer magischen Erstbegegnung und ein Jahr nach unserer Hochzeit in der *Casa de los Sueños* auf der mexikanischen Karibikinsel Isla Mujeres. Meine Gedanken schweifen in die unmittelbare Vergangenheit:

>>Die letzten Wintermonate hatten wir auf dieser wunderbaren Insel verbracht - unsere Liebe und Zweisamkeit in allen Facetten genießend, um danach Anfang Mai nach Mallorca zu fliegen und hier mit unserer gemeinsamen Arbeit zu beginnen. Unsere tiefe Liebe ermöglichte uns, mehr und mehr unsere Passion zu verwirklichen. Auch Susan und Richard, die schon seit einigen Jahren auf dieser Insel leben und im Laufe ihrer vielen Beziehungsjahre immer inniger miteinander verschmolzen waren, konnten uns bei den Workshopabläufen Unterstützung geben.
Auf Mallorca angekommen bedurfte es noch einiger Vorbereitungen, weil wir das erste Mal als Paar auftraten, um Menschen auf ihrem Weg zu begleiten. Wir genossen wunderbare Wochen in unserem inzwischen gemeinsam gestalteten Haus auf dieser Insel, wo der Sommer Einzug hielt, und organisierten unsere Woche.
In der von uns angemieteten Finca boten wir unseren ersten Teilnehmern auf diesem einwöchigen Paar-Workshop ein wunderbares Ambiente, um sich in die tiefen Sphären ihrer

Zweierbeziehung einlassen zu können, mit allem, was sich für sie an neuen Erfahrungen und Erkenntnissen ergeben würde.
Und es wurde eine außerordentlich berührende Zeit für uns alle.<<

Das war es tatsächlich, was wir wollten - Menschen berühren - mit unserem gemeinsamen Sein, unseren achtsamen Worten, unseren Übungen und Meditationen und der Körperarbeit, die wir den teilnehmenden Paaren angeboten hatten.

Ich liege in deinen Armen und blicke auf den noch fast vollen Mond. Sogar unseren Hochzeitstag feierten wir in dieser Woche gemeinsam mit all den Anwesenden. Beide sitzen wir hier und erkennen, dass es im Moment keiner Worte bedarf, nur des gemeinsamen Seins und Nachspürens all des Erlebten. Ich bin tief ergriffen - jetzt hat sich wahrhaftig auch meine zweite große Lebensvision erfüllt. Ich habe vor zwei Jahren, nach vielen Jahren der Sehnsucht nach einer erfüllenden Partnerschaft, endlich *meinem Mann* begegnen dürfen. Seither - in dieser kurzen Zeit - haben wir bereits den gemeinsamen Weg beschritten, unsere Liebe und Einheit auch in die Welt zu bringen und Menschen auf ihrem Lebensweg Begleiter zu werden. Ich lehne mich an dich und fühle mich so sehr gehalten von deinen Armen, die mich umfassen und mich vor der starken Brise des Windes, der vom Meer bläst, schützen. Dennoch fröstelt es mich in manchen Momenten, in denen ich so, von dir gehalten, in der Stille unseres Beisammenseins meine letzten Jahre Revue passieren lasse. Du spürst es und gibst mir noch mehr Wärme, die ich dankbar aufnehme, um wieder in meine Gedanken zu sinken:

>>Wie oft ich mich unendlich allein, wahrhaft einsam gefühlt habe!
Und dennoch ist mir erst sehr spät bewusst geworden, dass es in erster Linie an mir selbst lag, diesen Zustand des Alleinseins so lange aufrecht zu erhalten. In den vielen Jahren seit meiner Scheidung vom Vater meiner Kinder hatte ich bloß vier kurze Beziehungen, einige seltsame Romanzen in weit entfernten Ländern und umso mehr Affären. Viele der Männer waren verheiratet oder zumindest gebunden, die Liebhaber der letzten Jahre wurden immer jünger.
Wie hätte mir da der richtige Mann für mein Leben begegnen können?
Ich genoss es, zu strahlen, zu gefallen und auf der Jagd zu sein, obwohl in meinem Innersten schon jahrelang der innige Wunsch nach einer stabilen Beziehung gebrannt hatte.
Erst durch eine sehr wichtige Begegnung auf der Isla Mujeres wurde mir einiges noch klarer aufgezeigt. Dort erlebte ich in der Mitte meines

sechsmonatigen Aufenthalts fünf Tage mit Thomas, einem um 20 Jahre jüngeren Mann, mit dem ich schon elf Jahre zuvor eine außergewöhnliche, aber schon durch unseren Altersunterschied - er war damals 20, ich 40 - nicht auf Dauer lebbare Liebschaft gehabt hatte. Er kam mich auf der Insel besuchen, weil er zu dieser Zeit bereits neun Jahre in Mexiko gelebt hatte. Es war, als wären keine zehn Jahre seit unserer letzten Begegnung dazwischen gelegen - unsere Liebe flammte sofort wieder auf und wir erlebten eine magische Zeit, die uns vor allem in außergewöhnliche Dimensionen der gemeinsam erfahrbaren Spiritualität katapultierte. Mit ihm verbrachte ich dort fünf Tage in jener Form, wie ich mir ein Zusammenleben mit *meinem Mann* gewünscht hätte. Die Sexualität war in Anbetracht der hohen spirituellen Erfahrungen zweitrangig und unser Beisammensein zeigte mir, dass ich mich nicht mehr so extrem von der Sexualität abhängig fühlte wie zuvor, mich dennoch nach einer tief erfüllenden sexuellen Erfahrung sehnte. Ich wünschte mir, meine Lust so zu genießen, wie es mir mit Andreas, meinem Liebhaber vor meiner Abreise, möglich gewesen war, allerdings bereichert um die Dimension der Liebe und der Spiritualität. Was ich aber zu dieser Zeit nochmals viel klarer erkannte, war die Notwendigkeit, mich weder auf einen gebundenen Mann einzulassen noch auf eine reine Sexaffäre. Thomas war wahrlich ein wichtiger Katalysator für meine Zukunft. Er selbst ist wieder aus meinem Leben verschwunden, weil ihm offensichtlich unsere gemeinsamen Schwingungen zu intensiv waren und er zu diesem Zeitpunkt nicht bereit war, Transformation erleben zu wollen.

Doch hat mich meine Erfahrung mit ihm zu dir geführt, mein Geliebter - durch ihn begann ich, in die Stille einzutauchen, meine noch nicht endgültig abgeschlossenen Verhältnisse mit Männern der Vergangenheit ziehen zu lassen und mich ganz auf mich zu besinnen.

Es war ein wenig schmerzhaft, so viel allein zu sein und keine Sexualität zu leben, aber zugleich auch wahrhaft heilend - endlich wurde es mir möglich, immer öfter *vom einsamen Alleinsein ins glückerfüllte Alleins-Sein* einzutauchen. Ich begann mich mit dem zu konfrontieren, das *Osho* mit folgenden Worten so richtig zu beschreiben vermochte:
"*Alleinsein ist der Zustand, in dem man immer glücklich mit sich selbst ist. Alleinsein ist die reine Freude. Einsamkeit bedeutet Abhängigkeit - Alleinsein bedeutet vollkommene Unabhängigkeit. Nur wer allein sein kann, ist fähig für die wahre Liebe. Zwei, die mit sich allein vollkommen zufrieden sind, versuchen nicht sich gegenseitig auszunutzen. Sie werden zu Weggenossen auf der gleichen Reise in vollkommener Liebe.*" (aus: *Beziehungsdrama*

oder Liebesabenteuer).<<

Wieder fröstelt es mich - ich schmiege mich noch enger an deinen wärmenden männlichen Körper: *‚Mehr und mehr gelang es mir, wirklich im Alleinsein all-eins zu werden und mich selbst zu lieben, mit all meinen Makeln und Schatten und ich hörte auf, ständig im Außen Bestätigung zu suchen. Ich wurde friedvoller und stiller und ...‘*

In dem Moment ziehst du mich noch näher zu dir und blickst mir tief in die Augen - es ist jener Blick, der mich bereits im ersten Moment unserer Begegnung in jener besonderen Vollmondnacht erschauern ließ. Deine Lippen nähern sich den Meinen und berühren sie sanft und weich. Ganz hingebungsvoll und zärtlich warten sie auf Antwort von den meinen. Schon diese wunderbare Berührung lässt mich schnell ins Hier und Jetzt zurückkehren und mich in das Spiel unserer Münder fallen. Es entsteht ein Tanz unserer Lippen, der durch unsere Zungen immer intensiver und sinnlicher zu einer Komposition außergewöhnlicher Sinneswahrnehmungen führt. Ich vergesse meine Gedanken und mein Umfeld und versinke in diese Vereinigung unserer beider Münder, die einander erforschend und liebend, als würden sie sich das erste Mal berühren, begegnen. Deine Zunge umkreist die meine und fordert sie dazu auf, sich noch inniger auf das Gefühl dieser Verschmelzung einzulassen, das langsam meinen gesamten Körper in einem sanften Schauer erbeben lässt. Achtsam berühren deine beiden Hände meine Wangen und streichen über sie, um danach durch meine Haare und von diesen über meinen Hals langsam nach unten zu gleiten, um über meinem dünnen Seidenkleid auf meinen Brüsten zu verweilen. Die bloße Berührung lässt mich noch tiefer erbeben und meinen Atem anheben. In diesem stillen Ertasten meiner Brüste und mit deinen Lippen auf den meinen nehme ich wahr, wie unser beider Atem zu einem gemeinsamen Rhythmus verschmilzt, der uns eins werden lässt. Es ist so sanft und zugleich unbeschreiblich intensiv. Noch wenige gemeinsame Atemzüge und wir beide erleben uns in eine Dimension getragen, die uns in einen Wirbel der Ekstase eintauchen und aufsteigen lässt. Nichts wissend, nichts ahnend, geben wir uns dieser Energie hin, die uns noch höher trägt und zugleich explodieren und implodieren lässt, um uns den Abschluss in einem furiosen Gefühl unendlicher Weite erleben zu lassen, die mich erbeben lässt, und mich weiter in ein lachendes Weinen unendlicher Erfüllung trägt.

Zurückgekehrt von dieser zeitlosen Reise blicken wir einander wieder in die Augen - ich sehe im Mondschein auch in deinen einen feuchten Glanz und sinke dankbar in deine Arme, die mich halten und zugleich freigeben.

Weiterhin wortlos beginnen wir, in dieser noch ein wenig kühlen Nacht, Arm in Arm den Heimweg anzutreten - in stiller Übereinkunft dessen, was wir beide nun miteinander genießen wollen.

Zu Hause angekommen bereite ich uns einen herrlichen *Chai* mit Milch und Honig zu, während du die Badewanne einlässt, und wir uns dann bei Kerzenlicht und schöner sanfter Musik in ein wunderbar duftendes Rosenöl-Schaumbad legen, in die Atmosphäre der Ruhe eintauchen, das erotische Prickeln spüren und unseren Tee genießen. Wir wollen uns erst morgen über den Workshop, den wir nun fünf Tage abgehalten haben, austauschen, um alles nachwirken zu lassen. Die Wirkung ist spürbar - ich fühle mich ruhig und erfüllt und zugleich sehnsuchtsvoll gespannt, was ich heute Nacht mit dir erleben darf. Wir sitzen uns gegenüber in unserer geräumigen Wanne, massieren einander zärtlich die Füße und blicken uns unverwandt in die Augen, die doch unsere Seelen und unsere Liebe so sehr zum Ausdruck bringen. Vorsichtig ziehe ich einen meiner Füße aus deiner Hand und streiche damit über deine wenig behaarte Brust und über deinen Bauch, an dem ich mit meinen Zehen beginne, spiralenartige Kreise zu ziehen. Weiter gleitet mein Fuß nach unten, um immer intensiver auch deinen wunderschönen, erigierten Lingam zwischen meine große und die zweite Zehe zu nehmen und ihn mit behutsamen Druckbewegungen zu verwöhnen. Ich bin Barfußtänzerin und daher unglaublich wendig und sensibel mit meinen Füßen und Zehen - es gelingt mir gut, an deinem Penisschaft auf- und abzufahren, um deine Lust noch ein wenig zu steigern. Manches Mal liebe ich solche erotischen Vorspiele, die die Zeit des Beisammenseins ausdehnen. Du siehst mir immer noch in meine Augen und steigerst ein wenig deinen Atemrhythmus, während ich es genieße, deinen wunderbar kraftvollen Körper zu betrachten. Ich kann mich einfach nicht sattsehen an dir. „Isaias, du bist die Vollendung des Mannes - du bist mein Gott, mein König, mein Geliebter - ich verneige mich vor deiner Schönheit und Männlichkeit. *Namasté.*“ Auch du verneigst dich vor mir, mit Worten der Liebe: „ Ich danke dir für all unsere Erlebnisse, meine geliebte Frau, Göttin und Königin und ich werde dir immer in Liebe und Hingabe begegnen, du wunderbares Wesen, du vollendetes Weib. *Namasté.*“ Sorgfältig beginnst du nun, mit der Rosenessenz meinen Körper einzuseifen - von den Zehen über die Füße streichst du nach oben, über meine Knie zu den Schenkeln und über meine Vulva zu meinem Bauch und meinen Brüsten, die sich dir schon mit hart aufgerichteten Brustwarzen entgegenstrecken. Ich habe meine Augen nun geschlossen und gebe mich jeder deiner Berührungen hin, veratme bewusst und tief meine sich immer stärker aufbauende Lust nach mehr, in dem Wunsch, dass es nie enden möge. Am Weg nach unten lässt du deine Finger meine schon weit geöffnete und nicht nur vom Wasser benässte Yoni erforschen. Du umkreist meine Klitoris und während du deinen Daumen auf ihr ruhen lässt, dringen drei deiner anderen Finger tief in mich ein, um zielgerichtet auf meinem G-Punkt zu landen und ihn bloß sanft zu massieren. Nun kann ich mich einfach nicht mehr zurückhalten und spüre wie ein Beben meinen gesamten Unterleib erschüttert und eine heiße Welle der Lust mich zu einem Orgasmus trägt, den ich heftig ausatmend und mit einem verhaltenen Lustschrei zum Ausdruck bringe. Obwohl es so ist, wie ich es schon oftmals genießen durfte, verspüre ich ein Gefühl, das sich nach noch innigerer Verbundenheit mit dir in meiner Ekstase anfühlt. Ich vermag es nicht zu benennen, dieses pure, tiefe Erleben. Wieder blicken wir einander in die Augen und lächeln, dankbar dafür, all das miteinander erfahren zu können. Nun nehme ich die Rosenessenz und beginne deine Beine einzuseifen, langsam und achtsam nach oben zu massieren, deinen herrlichen Penis zwischen beide Handflächen zu nehmen und meine Finger in unterschiedlichen Abstufungen einmal langsam, dann wieder schneller, nochmals sanft und wieder fester wie in einem Tanz darüber gleiten zu lassen. Ich höre deinen Atem und verbinde mich mit ihm, im Gleichklang mit seinem

Rhythmus, während ich mich über deinen Oberkörper nach oben gleiten lasse und in dem Moment, in dem ich deinen Brustkorb einseife und von den Schultern über deine Arme streife, die Pforte meiner Yoni über die Spitze deines sich mir entgegenstrebenden Lingams stülpe, um diesen nun ganz tief in mir aufzunehmen. Ich ruhe auf dir - gemeinsam werden wir zu einem Atem, gemeinsam beginnen sich unsere Körper im Wasser rhythmisch zu bewegen, und gemeinsam erfassen uns sanfte Wellen, die uns nun miteinander aufsteigen lassen, um immer wieder zu verebben und uns zu neuen Gipfeln tragen. Ich verliere jedes Gefühl für Raum und Zeit und bin einfach ganz hingegeben in unserem gemeinsamen Tanz der Lust und Ekstase. Irgendwann verströmen sich diese Wellen und es wieder wird still um und in uns. Wir blicken immer noch in unsere Augen und atmen in vollkommener Übereinstimmung, dankbar und erfüllt.

Da das Badewasser mittlerweile schon ziemlich abgekühlt ist, steigst du hinaus und hüllst mich anschließend in ein Badetuch, um mich in unser gemeinsames Schlafzimmer zu führen, in dem sich unser großes Bett befindet, auf das wir uns nun legen, um ohne Verzögerung wieder ineinanderzugleiten, Seite an Seite liegend und unsere Schenkel übereinander. Ich liebe diese Position, in der ich immer noch mit deinen Augen verschmelze und mich nicht bewege -

wir sind vollkommen in Stille vereint und lassen unsere Körper die Führung übernehmen. Lange konnte ich es nicht fassen, dass es möglich ist aus dieser Bewegungslosigkeit und Stille in unbeschreibliche Höhepunkte aufsteigen zu können. Es ist tatsächlich möglich, solche zu erfahren und sie in immer anderen Intensitäten zu genießen. Erneut erleben wir diesen gemeinsamen Tanz unserer hingebungsvollen Lust, der uns von einem Orgasmus zum nächsten trägt, ohne jemals etwas gewollt zu haben. Es ist jene Ekstase, die aus dem bloßen Sein, aus der Verschmelzung unserer Körper, unserer Herzen und unserer Seelen zum Ausdruck kommt. Irgendwann wird es stiller und aus dieser friedvollen Stille gleiten wir langsam in einen tiefen erholsamen Schlaf. Ich erinnere mich bloß noch an einen letzten Blick in deine Augen, bevor meine Lider schwer werden und ich hinweggleite. Ich weiß, dass wir unsere Vereinigung nicht gelöst haben.

Als ich dann mitten in der Nacht erwache, liegen wir immer noch eng verschlungen - ich atme den herrlichen Duft deiner Haut ein. Zärtlich grabe ich meine Nase in deinen Nacken und rieche deinen Hals, um dann einen zärtlichen Kuss hinzuhauchen - das ist der Moment, in dem du erwachst, deine Hand um meine Hüfte legst und mich auf deinen Körper ziehst. Wir beginnen uns wild und leidenschaftlich zu küssen. Im Raum ist es dunkel, bloß ein wenig Mondlicht kommt herein und zeichnet ein paar Schatten an die Wände. Nur schemenhaft kann ich dich wahrnehmen, aber umso intensiver spüren, vor allem deinen inzwischen herrlich harten Penis, der so ganz in der Nähe meiner ebenso wieder erregten Vagina zuckt. Vorsichtig hebe ich mein Becken an, löse meine Lippen von den deinen und setze mich in der Hocke ganz langsam auf dich, indem ich dich tiefer und tiefer in mir aufnehme. Meine Vaginalmuskulatur beginnt deinen harten Penis zu umspielen und fester zu umschlingen. Langsam bewege ich mein Becken, werde immer wilder und ungestümer und merke, wie auch dich meine ungezügelte Lust noch mehr erregt. Du forderst mich auf, weiter zu machen: „Nimm ihn dir, er gehört ausschließlich dir, meine Geliebte, nimm dir alles, was du ersehnst." Nun bin ich nicht mehr zu halten und beginne dich ungehemmt zu reiten, bis ich meinen ersten erlösenden Höhepunkt aufwallen spüre und diesen mit einem befreiend lauten Lustschrei aus mir strömen lasse, das Nachbeben genieße, und mich sofort danach aufmache, mich zum nächsten Gipfel zu reiten. Ich weiß, dass du mir standhältst und dich in diesen Momenten vollkommen meiner Lust ergibst, solange bis ich gesättigt auf deiner Brust zusammensinke oder dich mit meiner letzten Welle mittrage. Heute Nacht ist es klar, dass wir die abschließende Explosion unserer Lust gemeinsam erleben wollen. Unvermittelt nehme ich wahr, wie du deinen heftigen Atemrhythmus dem Meinen anpasst, wie mein gesamter Unterleib erneut zu erbeben beginnt und wir uns miteinander zum höchsten Gipfel tief erfüllender Leidenschaft tragen lassen, um uns im selben Augenblick mit einem lauten Aufschrei der erlösenden Ekstase zu ergeben. Mein Körper ist durch und durch erfüllt, und während bei dir Ruhe einkehrt, beginnt mein Becken unkontrollierbar zu zittern und aus mir löst sich ein lautes Lachen, dem ein heftiges Weinen folgt. Ich habe das Gefühl, mich in dieser Verzückung aufzulösen und körperlos zu werden. Du bist mit deiner vollkommenen Präsenz ganz bei mir und nimmst mich nach dem unendlichen Beben, das sanft in sich verebbt, liebevoll in deine Arme, um meinen noch immer zitternden Körper zu halten und zu liebkosen.

„Isaias, was machst du bloß mit mir? Ich habe das Gefühl zu explodieren und zu verschwinden."

„Das bist du, meine Geliebte - explodiert und entschwunden, und neu zu mir zurückgekehrt. Ich liebe dich unendlich, meine lustvolle Göttin."

Schluchzend und aufgelöst antworte ich dankbar und glückselig: „Und ich dich erst, mein wunderbarer Mann, mit dir ist die Erfüllung all meiner Herzenswünsche eingekehrt."

Erneut schlafen wir friedvoll, Arm in Arm, miteinander ein - wie sehr habe ich mich Jahrzehnte danach gesehnt, auf diese Weise mit einem Mann schlafen zu können - wirklich tief und beruhigt zu schlafen.

Als ich am Morgen erwache, bist du nicht mehr neben mir. Ich rieche den Duft von Kaffee und kuschle mich wohlig in unsere Kissen, um deinen Geruch einzuatmen, während meine Gedanken wieder einmal in die Vergangenheit schweifen:
>>Mir ist wahrhaft klar geworden, dass es meine Zeit der Vorbereitung gebraucht hat, um eine so erfüllende und bewusste Beziehung zu erleben - eine, die auf allen Ebenen harmonisch sein kann - auf der geistigen, spirituellen und sexuellen. Viel habe ich auf sexueller Ebene erlebt, doch nie zuvor war eine solche *Einheit* mit einem Mann möglich gewesen, niemals habe ich mich so sehr in Liebe verbunden und dem Leben zugewandt gefühlt.
Tatsächlich war es meine Zeit des Allein-Seins, die ich unbedingt gebraucht habe, jene Zeit, in der ich mein Ausjahr genommen habe, um nach Mexiko auf die Isla Mujeres zu fliegen, auf der ich wahrhaft in die Abstinenz und Stille gedrängt wurde. Ich musste dieses selbst gewählte *Exil* erfahren, um endlich mich selbst zu lieben so wie ich bin, meine Selbst- und Fremdverurteilungen gehen zu lassen und frei zu sein für jenes Leben, das ich mir so sehr zu

leben gewünscht hatte.
Und ich bin in dieser Zeit auf dieser winzigkleinen Insel tatsächlich ganz ins *Sein* eingetaucht, glücklich und erfüllt mit dem, was mir das Leben geschenkt hat - in jedem Moment…<<

Ich höre deine Schritte und blicke auf. Mit einem zärtlichen Blick tiefer Liebe siehst du mich an und bringst mir einen köstlich zubereiteten Cappuccino ans Bett - auf dem Tablett befinden sich auch frische Croissants, Eier, Butter, Käse und ein herrliches Müsli mit einer unbeschreiblichen Vielfalt an Früchten. „Guten Morgen, meine Göttin, hast du gut geruht?“ Verwirrt blicke ich auf die Uhr - es ist bereits 9 Uhr morgens. So lange schlafe ich doch nie, außerdem habe ich dich nicht einmal weggehen gehört. „Danke, Geliebter, offensichtlich habe ich richtig tief und erholsam geschlafen. Und du, mein wunderbarer Mann?“ „Fantastisch, mein Engel, wie immer, wenn ich in deinen Armen einschlafe.“
Wir genießen dieses herrliche Frühstück im Bett, plaudern und erfreuen uns am Miteinander-Sein. Unser Workshop war ein großer Erfolg - das haben die strahlenden und entspannten Gesichter nach fünf intensiven Tagen der Gruppenerfahrung in einer Gruppe von 30 Personen deutlich widergespiegelt. Wir hatten so viele Anmeldungen, dass wir mit der Höchstzahl an teilnehmenden Paaren gearbeitet

haben. Ich bekam als *Dankeschön* einen riesigen weißen Blumenstrauß und gemeinsam schenkten uns die Paare eine Sonderausgabe eines kaum noch zu bekommenden Tantrabuches, um uns damit ihre Dankbarkeit für diese intensive Zeit zum Ausdruck zu bringen.
Aus unserer wunderbaren Gemeinsamkeit, in der wir so tief in die Erfahrung dieser gelebten Liebe eingetaucht sind, konnten wir endlich beginnen, unsere *gemeinsame Lebensaufgabe* nach außen zu tragen. Es war unser *Erstling*, der tatsächlich neun Monate nach unserer zweiten Hochzeitszeremonie durch Eleonora und Leonardo geboren wurde. Damit hat sich mein letzter großer Lebenstraum umgesetzt - gemeinsam mit meinem geliebten Mann Workshops zu kreieren und zu halten.
Wir konnten die ersten Paare, die diese Woche mit uns verbracht haben, mit unserer *Einheits-Liebes-Energie* tatsächlich so sehr berühren, dass bei vielen von ihnen zum Abschied die Tränen flossen. Den meisten blieb glücklicherweise noch die Zeit, all das gemeinsam Erlebte in einer weiteren Urlaubswoche auf unserer schönen Insel zu vertiefen.

Ich selbst fühle mich nun endlich umfassend ‚in meinem Leben' angekommen.

Wir lachen und scherzen und sind unendlich

erleichtert, weil so eine Premiere schon ein wenig mit Lampenfieber verbunden war.

Ich darf endlich all meine Träume in meinem Leben verwirklichen…

Aus dem heiteren Nichts stellst du unser Tablett auf den Boden und ziehst mich an dich. Erneut beginnen wir uns innig und lustvoll zu küssen…

Miriam und Paul

Welch eine wundervolle und beglückende Woche!

Wir sitzen mit unseren Kursteilnehmern beim letzten gemeinsamen Frühstück, um die intensiv miteinander verbrachten Tage ausklingen zu lassen und zu einem harmonischen Abschluss zu bringen.
Um 11 Uhr treffen wir uns zu einer Abschlussrunde im Gruppenraum - ich sehe viele erleichterte und einige vollkommen erfüllte Gesichtsausdrücke. Zwei Gesichter sind von Schmerz und Verunsicherung geprägt sind. Miriam und Paul stehen an der Kippe ihrer Beziehung - jetzt liegt es an ihnen, sich für eine weitere gemeinsame Zukunft zu entscheiden oder getrennte Wege zu gehen. In dieser Woche sind bei Einigen recht heftige Emotionen an die Oberfläche gedrungen. Isaias und ich hatten besondere Herausforderungen zu bewältigen, was uns wirklich gut gelungen ist und bei denen wir erkennen konnten, wie sehr wir beide

verbunden sind und ein intuitiv aufeinander eingespieltes Team bilden. Es gab niemals einen Moment der Widersprüchlichkeit in unserem Umgang mit den Menschen, und auch bei den Lösungsansätzen bewegten wir uns in der Kraft seiner männlichen und meiner weiblichen Energie in einem Feld vollkommener Harmonie. Miriam und Paul sind zu uns gekommen, um eine Belebung ihrer Beziehung zu erfahren und einander möglicherweise wieder näher zu kommen. Am dritten Tag ist allerdings alles eskaliert, als Paul sich vor der Gruppe geoutet hat. Er offenbarte uns, dass er nun schon seit zwei Jahren eine Geliebte hatte, weil er mit der Lustlosigkeit seiner Frau einfach nicht mehr leben konnte. Miriam war in diesem Moment natürlich schockiert und verzweifelt - sie hatte es nie wahrgenommen. Das Einzige, was ihr aufgefallen war, waren die häufiger notwendigen *Dienstreisen* von Paul. Es war jene Zeit, die dieser in einem Nachbarort mit seiner Geliebten verbracht hatte.

Die Situation hat sich zugespitzt, als die Paare eine sehr intensive Übung machten, in der sie einander eine Stunde ohne Unterbrechung und ohne Worte in die Augen sehen sollten, um sich anschließend all das mitzuteilen, was sie am anderen wertschätzen. Paul erfasste dabei eine unbeschreibliche Wut, die er zu unterdrücken versuchte - er fand keine Worte der Wertschätzung für seine Frau und all das brach dann in unserer anschließenden Runde unter

Tränen aus ihm heraus. Sein emotionaler Ausbruch ließ ihn noch wütender werden, weil er sich üblicherweise bis zu diesem Zeitpunkt in seinem Leben immer unter Kontrolle gehabt hatte. Er meinte, die Ablehnung und Verweigerung seiner Frau einfach nicht mehr ertragen zu können - er fühlte sich dadurch als Mann und Mensch von ihr vollkommen zurückgewiesen. Bei einem Fest in der nächstliegenden größeren Stadt lernte er eines Tages Silvia kennen, die eine inzwischen seit drei Jahren geschiedene Frau und alleinerziehende Mutter von zwei Kindern war. Er ließ sich mit ihr auf eine Affäre ein, weil sie ein unglaublich lustvolles Weib war und er endlich seinen Hunger nach Sex und Anerkennung als Liebhaber stillen konnte. Mit ihr lebte er einfach nur geilen Sex in allen Varianten. Sie gab ihm die vollkommene Bestätigung, ein begehrenswerter Mann zu sein. All das sprudelte aus ihm heraus und Miriam saß bewegungslos und wie paralysiert neben ihm, mit starren, in die Leere blickenden Augen. Sie war eigentlich diejenige gewesen, die ihm auf Anraten einer ihrer Freundinnen vorgeschlagen hatte, gemeinsam diese Woche zu buchen und mit einem Urlaub von ein paar weiteren Tagen zu verbinden. Es war ihr schon bewusst, dass es in ihrer Ehe nicht mehr wirklich gut lief, allerdings hatte sie in keiner Weise mit einer solchen Situation gerechnet.

Dieser schwere Beziehungskonflikt war eine intensive und herausfordernde Erfahrung für Isaias und mich - all das bei unserem ersten gemeinsamen Projekt. Es war nicht nur Pauls Offenbarung selbst, sondern auch die Reaktion der einzelnen Anwesenden auf diese unerwartete Situation, die uns sehr viel abverlangte. Nachdem es uns gelungen war, in der Gruppe wieder ein wenig Ruhe einkehren zu lassen, beschlossen wir die Pause vorzuziehen und die Reflexion mit den noch nicht an der Reihe gewesenen Paaren auf die Zeit danach zu verlegen. Ich widmete die Zeit unserer Pause Miriam, während Isaias sich mit Paul zusammensetzte. Zuerst gab ich mein Bestes, Miriam zu beruhigen, um dann herauszufinden, ob sie bleiben oder die Gruppe verlassen wollte - Isaias tat dasselbe mit Paul. Da die beiden inzwischen unsere Kompetenz zu schätzen wussten, beschlossen sie - unabhängig voneinander - zu bleiben. Wir schlugen ihnen diese Lösung vor, mit der Option für beide, jederzeit abbrechen und den Workshop verlassen zu können.

Wir boten ihnen für ihre Zeit nach unserem Workshop noch ein Einzelcoaching an, das sie nach kurzem Zögern dann doch annehmen wollten.

Bei der Rückkehr in die Gruppe bemerkte ich bei einigen anderen Teilnehmern noch starke Emotionen. Ich sah verärgerte Gesichter,

wütende, funkelnde Augen, aber auch viele mitleidvolle Blicke auf Miriam gerichtet - natürlich in erster Linie von Frauen, von denen einige Paul mit Ablehnung und Missgunst beäugten, während manche der Männer beschämt zur Seite blickten. So schien für beinahe jeden etwas dabei zu sein. Bloß drei Paaren schien es gut gelungen zu sein, ganz bei sich zu bleiben. Wir konnten nach einigen erklärenden und klärenden Worten, in denen wir darum baten, vor allem zu erkennen, wie wichtig es sei, niemanden zu bewerten und zu verurteilen, weil es jedem von uns passieren könnte, in einer ähnlichen Situation zu landen, unsere Reflexionsrunde fortsetzen. Wir konfrontierten sie mit all den meist im Untergrund schwelenden Themen einer möglichen Beziehungskrise. Die weiteren Rückmeldungen waren nun - nach der Pause - um einiges emotionaler als davor, weil dieses Outing jeden im Raum in irgendeiner Weise sehr berührt hatte. Es war uns letztlich gut möglich, wieder etwas mehr Ruhe und Leichtigkeit in das Gruppengeschehen zu bringen.
Unser Nachmittagsprogramm veränderten wir kurzfristig, indem wir einige sexuell-erotische Berührungsübungen und einen intimen Austausch der Paare über ihre sexuellen Wünsche und Fantasien vorzogen. Wir ließen sie all ihre Sehnsüchte auf Zetteln schreiben, die sie einander nach einer erneuten Übung mit

ständigem Blickkontakt aushändigen sollten. Bei dieser Übung wollte Miriam natürlich nicht mitmachen, weil sie nicht mit dem konfrontiert werden wollte, was ihr Mann womöglich in der Zwischenzeit mit seiner Geliebten erlebt hatte. Außerdem war es ihr nun unmöglich geworden, mit Paul einen Berührungsaustausch zuzulassen. Wir baten sie dennoch beide, ihre verborgenen Wünsche zu formulieren und, wenn sie es wollten, diese danach uns auszuhändigen. Dazu war Miriam bereit. Dasselbe boten wir den anderen Paaren an - uns nach ihrer gegenseitigen Offenbarung ihrer intimsten Wünsche ihre Zettel mit oder ohne Namen zu übergeben. Für den Abend und die Nacht empfahlen wir unseren Teilnehmern, sich zumindest einen der ausgesprochenen Wünsche gegenseitig zu erfüllen - wie in einem Rollenspiel. Was sie dann in weiterer Folge damit machen würden, überließen wir natürlich ihrer Fantasie.

Als wir uns zum Abschluss jenes Tages zusammensetzten, um die uns übergebenen Zettel zu lesen und uns über deren Inhalt auszutauschen, waren wir erstaunt und auch berührt darüber, welche Bandbreite an Wünschen und Fantasien sich uns offenbarte. Die meisten Frauen schienen sich so viel mehr Zärtlichkeit und vor allem Zuwendung, auch nach dem Sex, zu wünschen. Einige von ihnen erwarteten sich vor allem mehr Ausdauer ihrer

Männer beim Sex selbst, um doch auch einmal die Chance auf einen Orgasmus zu bekommen, den sie oftmals vermissten, manche wahrscheinlich sogar noch nie hatten. Immer wieder bin ich fassungslos, wie viele Frauen tatsächlich nicht fähig sind, einen Höhepunkt zu erleben, geschweige denn multipel orgastisch zu sein. Zwei der Frauen schienen eher mutig gewesen zu sein, weil sie sich Sex an außergewöhnlichen Plätzen - am Strand unter anderen Menschen, im Stiegenhaus, in einem Aufzug oder im überfüllten Stadion bei einem Rockkonzert wünschten. Wir mussten beide schmunzeln, ist uns rückblickend auf unser Leben jeder dieser Wünsche und seine dahinterliegende Sehnsucht wohlbekannt. Die Männer waren in ihren Fantasien etwas detaillierter, weil sie in erster Linie Sehnsucht nach erotischer Wäsche und zwei sogar nach Fetischverkleidung hatten. Drei der Männer formulierten ihre Fantasien und ihre Lust auf harten Sex, wie zum Beispiel: „Ich möchte sie von hinten ficken und das auch anal“ oder „Ich will sie mit verbundenen Augen und gefesselt nehmen“, einer offenbarte sogar seine starken BDSM-Fantasien. All das lasen wir in den Ausführungen neben vielen Details der Vorstellungen, wie sie gerne berührt werden wollten oder wie sehr sich Frauen nach erfüllendem Cunnilingus sehnten und Männer sich wünschten ihren Frauen in den Mund spritzen zu dürfen. Bei zwei Männern bestand

der Wunsch, endlich einmal mit den Fingern und dem Mund intim und lustvoll berührt zu werden. Da merkt man tatsächlich, wie sehr Sexualität noch immer ein Tabuthema in unserer Gesellschaft ist, obwohl die hier Anwesenden doch schon um vieles freier sind als die meisten Menschen unseres Kulturkreises. Vor allem die Formulierung ihrer Fantasien und Ausdrucksform für die intimen Bereiche fällt vielen sehr schwer. Manche von ihnen sind schon sehr offen, aber nur wenigen ist der Zugang zu spirituell transformierender Sexualität bekannt.
Es ist wahrhaft erstaunlich, welch unterschiedliche Zugänge Menschen zur Sexualität haben und wie viele oder bloß wenige Möglichkeiten an *hartem und rein körperlichem Sex* es für sie gibt. Genau dort setzen wir mit unserer Arbeit an - zu vermitteln, welch tiefgehende Bereicherung diese Form von Sex durch eine Palette erweiterter transformierender Möglichkeiten und in Liebe gelebter Varianten erfahren kann. Das genau ist es, was wir diesen Menschen auf ihre weitere Lebensreise mitzugeben wünschen.

Mit all diesen vorgegeben Möglichkeiten setzten wir unsere *Reise durch diese Woche* mit unserer Gruppe fort. Wir erkannten, wie wichtig es war, in jedem Moment auf aktuelle Gegebenheiten flexibel einzugehen. Dies schien uns tatsächlich gut gelungen zu sein.

So sitzen wir nun hier in unserem Abschlusskreis und blicken in die Gesichter von diesen 30 Menschen, mit denen wir eine kraftvolle und inspirierende Woche verbracht haben. Alle sind auf ihre Weise bewegt und berührt worden. Von einigen Paaren erfahren wir, wie viele kleine *Wunder* für sie schon in dieser kurzen Zeit geschehen sind und welchen Unterschied sie bereits in ihrer Lust und ihren Vereinigungen erlebt haben. Manche sprechen sehr offen über ihre Erlebnisse und Erfahrungen, andere sind diskreter und zurückhaltender im Erzählen. Wir ermutigen die Menschen, die zu uns kommen, unbeschwert und direkt über das Thema Sexualität zu sprechen und uns auch in ihren Rückmeldungen über Veränderungen im Erleben ihrer sexuellen Begegnungen zu berichten. So wollen wir ihnen Mut machen, dieses Tabuthema auf eine ganz natürliche Ebene in der Kommunikation zu bringen. Aus eigener Erfahrung in meiner ersten Ehe, weiß ich, wie sehr ein Schweigen über die eigenen Bedürfnisse und sexuellen Wünsche zum Zerbrechen einer Beziehung führen kann.
Miriam und Paul wissen nicht wirklich, wie es mit ihrer elf Jahre dauernden Ehe weiter gehen soll, aus der auch drei Kinder stammen. Wir bitten sie, uns bald mitzuteilen, wie es ihnen weiterhin ergeht und was sie noch erleben. Allerdings haben beide beschlossen, in den nächsten vier Tagen ein Einzelcoaching und anschließendes Paarcoaching bei uns zu machen.

In der restlichen Zeit auf Mallorca wollen sie nun getrennte Wege gehen, um zu reflektieren und ihre wahren Wünsche zu erkennen. Die beiden haben aus unserer Sicht nur die Möglichkeit einander ehrlich wiederzufinden, wenn sie ihre Liebe füreinander neu zum Erblühen bringen können. Dazu braucht es zuerst den Wunsch, überhaupt wieder in Lust und Offenheit aufeinander zuzugehen.
Die anderen Paare geben ihnen ihren Segen mit auf den Weg - Vorurteile und Verurteilungen scheinen tiefem Mitgefühl und Achtung gewichen zu sein. Es gelingt uns, einen wunderbaren Abschied für alle Anwesenden von unserer ersten gemeinsamen *Paar-Woche* zu ermöglichen.

Für mich ist all das hier Erlebte eine unbeschreiblich wertvolle Erfahrung gewesen, in der Erkenntnis, wie vieles in so kurzer Zeit möglich sein kann. Es ist wahrhaft wesentlich, immer mehr in das Hier und Jetzt einzutauchen, in der Gegenwärtigkeit dessen, was gerade ist, ohne Bewertung der Situation. Darin, diese Möglichkeit für mich zu erkennen, war mir Isaias ein wunderbarer Begleiter, der mir durch seine vollkommene Präsenz die Tore in mein wahrhaft erfülltes Leben zu öffnen verhalf und, die ich voller Freude und Leichtigkeit in tiefem Vertrauen durchschreiten konnte. Ich genieße es außerordentlich, mit meinem geliebten Mann beisammen zu sein, doch ebenso genieße ich

die Stunden, Tage und manchmal auch Wochen des Alleinseins - das Gefühl der Einsamkeit ist mir inzwischen fremd geworden und dafür empfinde ich tiefe Dankbarkeit.
Nun haben wir viele Möglichkeiten erfahren, um gemeinsam diese Tore der Transformation auch anderen Menschen zu öffnen und ihnen zu helfen, diese möglicherweise zu durchschreiten.
Unser erstes großes gemeinsames Werk ist vollbracht.
Viele dankbare Menschen haben uns soeben verlassen - wir blicken einander an und fallen uns freudestrahlend und erleichtert in die Arme - die Geburt von etwas Neuem ist vollzogen.

Den restlichen Tag verbringen wir glücklich und entspannt an unserem kleinen Geheimplatz am Wasser - wir reden, wir reflektieren und wir lieben uns in absoluter Stille - unsere Körper suchen einander wie zwei Magnete, die ihre Verschmelzung erleben wollen. Diesmal bin ich diejenige, die dich zu liebkosen beginnt und mit unserem speziellen Kokos-Sonnenöl deinen ganzen Körper eincremt. Nach diesem genussvollen Berührungsritual beginne ich vorsichtig deinen wunderschönen erigierten Penis in meinen Mund zu nehmen, mit der Zunge deine Eichel zu umspielen, mit den Fingern deinen Schaft sanft vibrierend zu massieren und zu genießen, mitzuerleben, wie dein Körper in Lust erbebt und dein Atem in einen ganz tiefen Atemrhythmus übergeht. Ich folge mit meinen Atemzügen den deinen, bis ich dann langsam an dir hinaufgleite und mich so neben dich lege, dass dein köstlicher Lingam in meine Lotusblüte, wie ich meine Vagina gerne bezeichne, eindringen kann, ohne den Augenkontakt zueinander zu verlieren. Ich empfange deinen Penis in meiner inzwischen sehr feuchten Yoni und merke unverzüglich, wie mein Atemrhythmus noch tiefer und vollkommener mit deinem im Gleichklang ist, bis wir uns in die Weiten des Ozeans unserer Liebe tragen lassen, begleitet vom rhythmischen Klang der sanften Wellen des Meeres, die sich an den Felsen brechen. Wir steigen auf in unsere Sphären himmlischer Ekstase und kehren zurück, als hätten wir vom Paradies gekostet - was wir tatsächlich, wie schon oft zuvor, erleben durften…

Unsere nächsten Tage sind noch sehr ausgefüllt, weil nicht bloß Miriam und Paul, sondern auch noch einige andere unserer Teilnehmer entweder Einzel- oder Paarcoachings bei uns machen wollen. Ich genieße es, die Frauen auf ihrem Weg zu mehr Weiblichkeit und erfüllter Ekstase zu begleiten und gemeinsam mit meinem Mann den Paaren neue Wege in ihrer Beziehung und gelebten Sexualität aufzuzeigen. Interessanterweise wollte auch einer der Männer von mir gecoacht werden, weil ihm offensichtlich die weibliche Sichtweise und Hilfestellung für sein Anliegen wichtig erschien.

Ich freue mich, diese neue Herausforderung anzunehmen und anscheinend intuitiv den richtigen Ansatz für ihn gewählt zu haben.

So erleben wir eine ständige Weiterentwicklung unserer Arbeit mit den unterschiedlichen Menschen und ihren Bedürfnissen, Sehnsüchten, Ängsten und Wünschen. Es ist uns auch klar, dass wir unsere Workshops immer wieder mit einem anderen Untertitel anbieten wollen, weil es uns neben der Vertiefung einer Paarbeziehung noch mehr darum geht, den Paaren auch einen Weg zu einer *‚sacred relationship‘* mit allen Möglichkeiten einer transformiert gelebten *‚sacred sexuality‘* aufzuzeigen, ohne ihnen irgendetwas vom einfachen, lustvoll gelebten, puren Sex nehmen zu wollen. Wie viel schöner es jedoch ist aus einem unbeschreiblichen Repertoire vieler Möglichkeiten zu schöpfen, dürfen wir selbst in unserer wundervollen Beziehung jeden Tag von Neuem erleben.

Schon vier Wochen nach unserer Workshop-Woche bekommen wir erste Briefe unserer Kursteilnehmer, die wir um detaillierte Rückmeldungen gebeten haben, falls sie etwas mit uns teilen wollen. Wir haben sie auch ausdrücklich darauf hingewiesen, uns diese vorzugsweise in Handschrift zu schicken, weil wir wissen, wie viel tiefer die Worte dem Herzen entspringen, wenn sie mit der Hand

geschrieben sind.
In der Post befindet sich bereits weitere zwei Wochen später ein gemeinsamer Brief von Miriam und Paul, den ich nun laut vorlese:

Liebe Magdalena, lieber Isaias,
gemeinsam wollen wir uns bei Euch bedanken - Ihr habt uns in unserer außerordentlich unangenehmen und auch anfangs für uns peinlichen Situation unglaublich souverän Hilfe geleistet. Dadurch war es uns möglich, bei Eurem Workshop zu bleiben und nicht mit eingezogenen Köpfen flüchten zu müssen. Inzwischen hat sich bei uns vieles getan und alles hat einen sehr ungewöhnlichen Verlauf genommen. So möchte nun Miriam die Situation aus ihrer Sicht beschreiben, um danach mir den Raum für weitere und möglicherweise ergänzende Ausführungen zu überlassen:

Zuerst einmal möchte ich Dir, Magdalena, so sehr danken, dass Du mir geholfen hast, meinen Wert als Frau erstmals in meinem Leben anzuerkennen und mich in meiner Weiblichkeit und Schönheit wahrzunehmen. Das, was bei Euch vorgefallen ist, war unbeschreiblich entwürdigend, wie mir schien - ich fühlte mich von Paul zutiefst erniedrigt, und das auch noch vor einer ganzen Gruppe anderer Menschen. Was ich daraus dann erfahren durfte, war unglaublich viel Mitgefühl und Herzenswärme -

aus dieser Situation erwuchs für mich eine ungeahnte Kraft und Selbstverständlichkeit. Interessanterweise bekam ich kurz nach dem ersten Schock unglaublich Lust, mit Paul Sex zu haben, und vor allem wollte ich jene ominöse Silvia kennenlernen, die Paul offensichtlich so viel Erfüllung schenken konnte. Als wir schon kurz nach der Woche bei Euch eine erste Annäherung hatten, war es leider sehr unbefriedigend für mich. Ich hatte ständig das Gefühl, Paul würde in seiner Fantasie mit Silvia im Bett sein und dadurch verkrampfte ich mich, was letztlich zu fürchterlichem Tränenvergießen führte. Paul, der sonst in solchen Situationen eher abweisend oder sogar wütend reagiert hatte, nahm mich wortlos in seine Arme und ließ es geschehen. Ich konnte mich plötzlich fallen lassen, was dazu führte, dass ich wieder bereit war und sogar feucht wurde, während die Tränen flossen. Wir hatten die seltenen Male, die wir in den letzten Jahren Sex hatten, immer ein Gleitmittel gebraucht, weil ich einfach nicht feucht werden konnte. So geschah es, dass ich Paul unvermutet auf den Rücken drehte, um mich auf ihn zu setzen. Ich hatte mich noch nie zuvor so erlebt wie in diesem Moment – ich vergaß alle Eure ruhigen Atemtechniken und nahm mir nur wild und zügellos, was ich wollte. Ich spürte Wut und Lust zugleich und schrie all den Schmerz und meinen ersten unerwarteten Orgasmus nach fünf Jahren aus mir heraus. Wie froh ich war, dass die Kinder bei einer lieben Freundin auf Besuch waren. Danach verlangte ich von Paul, mir auf meinen Bauch zu spritzen - ich wollte ihn nicht berühren, aber ihm dabei zusehen, wie er es sich selbst machte. Zuerst noch etwas verunsichert, ließ er sich darauf ein und begann vor mir zu masturbieren, um kurz darauf auch mit einem lauten Aufschrei und unter Tränen, die unvermutet zu fließen begannen, seinen Saft über mich zu spritzen. Ich weiß, dass es in dem Moment kein Akt der Liebe war, aber eine große Entladung, die uns beiden Erleichterung verschaffte. Danach sprachen wir erstmals wieder vernünftig miteinander und Paul fragte mich, wie es weitergehen sollte. Ich verlangte von ihm, Silvia vorgestellt zu werden. Er war entsetzt und meinte, er könne ihr so etwas nicht zumuten, worauf ich wieder zornig wurde und bemerkte, dass er und sie mir diese zwei Jahre des Betrugs sehr wohl zumuten konnten. Daraufhin versprach er mir mit ihr zu sprechen, und tatsächlich stimmte sie nach anfänglichem Zögern zu. Mir war es auch sehr wichtig, einander nicht in unserem Ort zu treffen, weshalb wir uns in einem Café in der Nähe ihres Hauses verabredet hatten. Es geschah an einem Wochenende, drei Wochen nach unserer Rückkehr, an dem wir alle ohne Kinderverpflichtungen waren. Also traf ich diese Frau und betrachtete sie zunächst skeptisch: *‚Was konnte Paul bloß an dieser etwas pummeligen, um zehn Jahre älteren*

Person anziehend finden?‘ Als sie mir aber dann ganz herzlich und offen entgegentrat und mich mit einem ehrlichen und warmen Lächeln ansah, fand ich sie einfach nur sympathisch. Sie meinte sogar, dass es ihr leid täte, mir diesen Schmerz zugefügt zu haben und, dass sie mir keineswegs Paul ausspannen wollte - sie wollte nach ihrer 20 Jahre dauernden Ehe eigentlich nur ihre Freiheit genießen. Sie hatte mich sofort in ihren Bann gezogen und irgendwie merkte ich die Faszination, die sie auch auf mich ausübte, obwohl ich bisher noch niemals Interesse an anderen Frauen gehabt hatte, das über das Freundschaftliche hinausging. Irgendetwas strahlte Silvia allerdings aus, das mich auf gewisse Weise mit einem erotischen Prickeln erfasste. So kam es nach zwei Stunden intensiven Redens, bei dem Paul fast ein wenig die Nebenrolle einnahm, und drei Gläschen Wein, die ich benötigte, um meine Unsicherheit zu überwinden, dazu, dass Silvia uns zu sich ins Haus einlud. Paul wollte sofort ablehnen, ich jedoch stimmte freudig zu. Ich spürte jetzt förmlich Pauls Verunsicherung, weil ihm diese Situation offenbar eigenartig vorkam. Silvias Haus war faszinierend - in ihrem Wohnzimmer befanden sich fast keine Möbel, doch waren auf einem großen weichen Teppich eine Anzahl von verschiedenen Fellen und Polstern arrangiert. Ein eigenartiger orientalischer Duft lag in der Luft und Silvia bot uns an, am Boden Platz zu nehmen, brachte uns ein süßliches schweres

Getränk und kam mit einer Wasserpfeife. Nach meinen ersten Zügen wurde mir ein wenig schwindlig und ich begann unvermutet vor mich hinzukichern. In diesem Moment berührte mich Silvia, indem sie mir langsam mit ihren Händen auf meine Brüste griff und mich vorsichtig zu küssen begann. Zuerst wollte ich sie abwehren, aber mein Körper reagierte so ungewöhnlich intensiv, dass ich es einfach geschehen ließ. Sie streifte mein Oberteil und meinen BH ab und begann meine Brüste zu liebkosen und zu lecken, während ihre freie Hand schon über meinen Schenkel zwischen meine Beine fuhr, mein inzwischen ziemlich feuchtes Höschen zur Seite schob, ihre Finger gekonnt auf meiner Muschi kreisen ließ und mich unvermutet auch mit ihrer Zunge zu lecken begann. Sie bereitete mir bereits große Lust - bis sie dann mit zwei Fingern eindrang, während ihr Daumen wissend meine Klitoris massierte und ich heftig zu stöhnen begann. Kurz fiel mein Blick auf Paul, der uns beide etwas verdattert aber erregt beobachtete. Unverzüglich sah ich eine Ausbuchtung in seiner Hose, um kurz darauf immer heftiger zu atmen und mich in meinen Hüften aufzubäumen, während mich unerwartet ein Orgasmus überrollte. Sanft streichelte sie mich noch, zog mir mein restliches Gewand vom Körper, entkleidete sich selbst und robbte dann zu Paul, der uns ganz erstarrt anblickte. Sie öffnete seine Hose und holte seinen harten Penis heraus, den sie nun unglaublich gekonnt zu lecken und zu massieren begann. Nach einem kurzen Anflug von Eifersucht beruhigte ich mich sehr schnell und robbte ebenfalls zu ihnen, um Paul heftig zu küssen. Silvia streifte ihm die Hose von den Beinen, während ich sein Poloshirt über den Kopf zog und ihn weiter küsste. Er begann sich voller Lust zu bewegen und genoss es, von uns beiden verwöhnt zu werden. Unvermutet befahl Silvia mir, mich hinzulegen und meine Beine zu spreizen. Ich tat es und wurde von ihr nochmals gekonnt geleckt, während Paul mich unglaublich lustvoll küsste, bis Silvia wieder in einem sehr dominanten Ton Paul aufforderte: „Fick sie! Sofort!" Er drang daraufhin wild und heftig in mich ein und vögelte mich ungezügelt. Ich hatte so etwas noch nie erlebt und begann vor Lust meine Hüften wild nach oben zu bäumen. Als ich plötzlich meine Augen öffnete, sah ich, wie Silvia ihre Finger in seinen Hintern eindringen ließ und nahm wahr, wie er heftig zu stöhnen begann. Dann schlug sie auch auf seinen Hintern, was ihn noch wilder werden ließ. All das - diese außergewöhnliche Situation und meine ungehemmte Lust - ließen mich ganz gierig werden und ich kam plötzlich so heftig und schreiend, wie ich es noch nie zuvor in meinem Leben erfahren hatte. Im selben Moment kam auch Paul und spritzte seinen Saft tief in mich. Am Ende lagen wir drei ineinander verschlungen in den Armen und Silvia meinte bloß lapidar: „Konnte ich damit bei dir ein wenig wieder gutmachen?“ Verunsichert lachte ich und wusste in dem Moment einfach nicht, was ich sagen sollte.

Wir beide verstanden uns auch nach diesem Erlebnis immer besser und beschlossen, uns manchmal in dieser Konstellation zu treffen - wir taten es seither noch einmal - Paul brach das Zweierverhältnis mit ihr ab und es wurde zwischen uns eine langsame, lustvolle Annäherung wieder möglich. Wo das Ganze hinführt, wissen wir beide natürlich noch nicht, aber auf jeden Fall würden wir gerne bei Eurem nächsten Workshop zum Thema *Von Sex zu wahrer Erotik und sinnlicher Vereinigung - von Lust zu tiefer Hingabe* teilnehmen.
Ich danke Euch für all das, was sich *durch Euch* bei uns zu bewegen begonnen hat. Ich hatte ja keine Ahnung, wie lustvoll das Leben sein kann und wie herrlich Sex…!
So lasse ich nun Paul weiterschreiben:

Auch ich möchte Dir, lieber Isaias, dafür danken, dass Du mir in der Anerkennung meiner eigenen Männlichkeit sehr weitergeholfen hast. Ich habe seit meiner Begegnung mit Dir erstmals mich selbst als Mann wahrgenommen, ohne mich dabei schlecht zu fühlen.
Ich möchte Miriams Ausführungen nur ein wenig ergänzen, weil sie doch schon alles sehr ausführlich und detailliert beschrieben hat - ich

hoffe, nicht zu detailliert für Euer Empfinden.

‚Das ist es ja genau, was wir auch erreichen wollen - Mut zu haben, offen über Details beim Sex zu sprechen und zu schreiben...‘ Mit diesen Gedanken übergebe ich Isaias lächelnd den Brief, damit er nun Pauls Teil vorlesen kannst. Auch mein Liebster lächelt mich an und liest weiter:

Ja, ich war sehr erstaunt, was kurz nach unserer Heimreise passiert ist, weil Miriam auf Mallorca noch sehr verschlossen und zurückgezogen war. Bei dieser von ihr beschriebenen ersten Begegnung schienen irgendwelche Dämme in uns aufgebrochen zu sein. Danach wurde unser Zusammenleben wesentlich offener und herzlicher, was sogar unsere Kinder sehr positiv erlebten, nachdem sie, und natürlich vor allem wir, gefürchtet hatten, kurz vor dem Ende unseres Familienlebens zu stehen. Die größte Herausforderung für mich war Miriams Verlangen, Silvia kennenzulernen. Da ich jedoch wusste, welch eine lebensfrohe und offene Frau Silvia war, wagte ich, sie darauf anzusprechen. Ich wollte es allerdings nicht, wie von Miriam gefordert, am Telefon sondern doch lieber persönlich machen. Dafür musste ich Miriam versprechen, sie auf neutralem Boden zu treffen, was ich natürlich tat. Silvia war zuerst etwas verblüfft und verunsichert,

was diese Begegnung bringen sollte, aber letztlich offen sich darauf einzulassen. Das andere ergab sich so, wie Miriam es geschrieben hat.
Um auch noch auf diese Frage einzugehen, *wie mir eine etwas ältere, in Miriams Worten, pummelige Frau gefallen konnte:* Ich war vom ersten Moment an von Silvias leichter und offener, herzlicher Art angezogen und spürte bei ihr diese unglaublich knisternde, lustvolle Erotik, die ich so, wie ich sie mit Silvia erlebt hatte, noch nie zuvor kennenlernen durfte. Diese neue Erfahrung hatte mich auch dazu geführt, auf Miriams Vorschlag einzugehen und bei Euch diese Woche zu buchen. Die Inhalte haben mich sehr interessiert, weil ich wirklich Neues erleben wollte, um vom alten Überlebens-Modus wegzukommen.
Schon beim gemeinsamen Treffen im Kaffeehaus fühlte ich mich ein wenig fehl am Platz, als plötzlich meine Frau und meine Geliebte zeitweise über mich zu reden begannen, als wäre ich gar nicht anwesend. Erst da erkannte ich Miriams unbeschreiblich tiefen Schmerz und ihre Wut, und ebenso die große Leichtigkeit und Lockerheit von Silvia, mit außergewöhnlichen Situationen umgehen zu können. Was dann allerdings in Silvias Haus passierte, hat alles übertroffen, was ich je vermutet hätte. Ich wusste von Silvias bisexueller Neigung und auch davon, dass sie hie und da in Swingerclubs ging, aber dass auch

Miriam in irgendeiner Weise Interesse an Frauen haben könnte, war mir vollkommen fremd - wie sie mir danach erklärte, auch ihr selbst.
Was mich sehr erregte, war die Tatsache, zwei Frauen zu erleben, die bisher nur mir als Mann sexuell nahe waren. Silvia war offenbar in dieser Situation in erster Linie darauf bedacht, Miriam zu versöhnen, und es schien ihr gelungen zu sein. Irgendwie war diese Begegnung der Auslöser für eine neu entfachte Lust zwischen mir und meiner Frau, allerdings auch unser Erkennen, dass in uns beiden die Fantasie besteht, mit anderen gemeinsam Sex erleben zu wollen. Mit Silvia haben wir uns inzwischen noch einmal getroffen und für mich als Mann waren diese beiden lustvollen Frauen schon sehr überwältigend, obwohl Miriam erst langsam mehr aus sich heraus kommt. Silvia hat uns auch angeboten, uns einmal in einen Swingerclub in der Stadt mitzunehmen. Ich bin mir allerdings nicht sicher, ob diese Entwicklung unserer Ehe guttut oder eher schaden könnte - Miriam ist dem gegenüber nämlich unerwarteterweise sehr offen. Ich kann dem Geschehen jetzt auch nur offen entgegenblicken und freue mich, im Oktober zu Eurem am Bodensee ausgeschriebenen neuen Workshop zu kommen.
Wir lassen uns jetzt einfach überraschen, wohin uns diese Reise noch führen wird.

In Dankbarkeit und Verehrung für eure Arbeit - und um es mit Eurem Gruß abzuschließen,

Namasté
Miriam und Paul

Isaias und ich blicken uns an und sind sehr erstaunt darüber, was die beiden mit uns geteilt haben. Wir freuen uns mit ihnen über ihre neu entdeckte Lust und die Offenheit, mit dieser Situation umzugehen.

‚Niemals werde ich vergessen, wie du mir bei unserer zweiten Begegnung in Paris vor zwei Jahren nach unserem Besuch der Show im Moulin Rouge die etwas außergewöhnliche Überraschung bereitet hast, mir diesen muskulösen jungen Mann zur Verfügung zu stellen, den ich vor deinen Augen reiten durfte. Meine Güte, war ich damals verunsichert, obwohl du mich sehr ermutigt hast, es zu genießen. Ich sah dir dabei unverwandt in die Augen, während ich mich meiner Lust hingeben konnte. Damit hast du mir damals ermöglicht, meine letzte unerfüllte Fantasie auszuleben - Sex mit zwei kraftvollen, attraktiven und vor allem potenten Männern mit großem Penis erleben zu können. Seither habe ich nicht einmal mehr im Ansatz das Bedürfnis mit mehreren Männern oder überhaupt mit einem anderen Mann Sex zu haben. All das, was ich mit dir erlebe, sprengt alle Grenzen der für

mich vorstellbaren in Liebe gelebten Ekstase. Inzwischen konnte ich auch erkennen, was offensichtlich der eigentliche Hintergrund dieses Wunsches für mich gewesen war: Ich wollte einmal in meinem Leben den Beweis bekommen, ausschließlich um meiner selbst willen geliebt zu werden. DU, mein geliebter Mann, hast es mir bewiesen - du hast mir aus deiner Liebe heraus diesen Wunsch erfüllt, ohne Eifersucht und Besitzanspruch, und mich in keiner Weise dafür verurteilt. Ich kannte so eine Liebe zuvor nicht - ich musste immer etwas dafür tun, um mich geliebt zu fühlen. Von dir wurde ich von Beginn an einfach nur geliebt. Du hast ja keine Ahnung, wie dankbar ich dafür bin...'

Du lächelst mich wissend an - wie so oft errätst du in diesem Moment natürlich meine Gedanken.

Wohin auch immer ihre Lust und, wenn es ihnen gegeben sein soll, auch ihre Liebe Miriam und Paul hinführen mögen, ist anscheinend absolut richtig für ihren gemeinsamen Weg. Wir freuen uns, sie bald wieder in unserer Gruppe erleben zu können und Teil ihrer Entwicklung zu sein.

Welch ein wunderbares Leben wir doch haben!
Was kann es Schöneres geben als Menschen zu berühren und auf ihrer Lebensreise zu begleiten?

Da dieser erste gemeinsame Workshop so wunderbare Rückmeldungen ausgelöst und unsere hilfreiche Arbeit sich wie ein Lauffeuer verbreitet hat, beschließen wir wegen der großen Anfrage schon im Juli parallel jeweils ein Wochenende, ich für Frauen und du für Männer, zu gestalten und im September abermals auf der Insel einen Paar-Workshop über vier Tage abzuhalten. Wir wollen ihn gleich gestalten, wie jenen, der auch am Bodensee im Oktober für unsere deutschen und österreichischen Teilnehmer stattfinden wird.

Ich bin einfach nur erfüllt in Anbetracht der magischen Entwicklung meines Lebens.

Wo mich das alles wohl noch hinführen mag?...‘

Anna-Sophie

Anna-Sophie war eine meiner Kursteilnehmerinnen - die jüngste - meines Wochenendworkshops für Frauen, den ich parallel zu deinem Männer-Workshop in einer wunderschönen Finca nicht weit vom Meer hier auf Mallorca abhielt. Du verbrachtest das Wochenende in einer nahe von uns gelegenen Finca mit deiner Männergruppe. Auch dieses Wochenende begann schon mit einer Nachmittagseinheit am Freitag, ab 16 Uhr. Ich hatte diesmal 15 Frauen in meiner Gruppe - einige von ihnen lebten auf der Insel, andere kamen angereist, um hier auch Urlaub zu machen - Mallorca ist eine wunderbare Destination, die von allen europäischen Ländern schnell zu erreichen ist. Sowohl ich selbst als auch die Frauen sollten in der Finca über Nacht bleiben, weil damit eine Vertiefung und Intensivierung des Erlebten ermöglicht wurde - sie alle blieben damit in einem geschützten Rahmen.

Der Untertitel meines Workshops hieß:

Vom Weibchen zu wahrer Weiblichkeit
Von Lust zu tiefer Hingabefähigkeit

Die anwesenden Frauen waren zwischen Anfang 30 und Mitte 50 - eine ganz junge Frau stach aus der Gruppe heraus. Es war Anna-Sophie, die erst 24 Jahre alt war und ein sehr zurückhaltendes, schüchternes Wesen hatte. Wie sich herausstellte, wurde sie von ihrer Freundin Clarissa, die seit knapp einem Jahr auf der Insel lebte, dazu animiert, mit ihrem Freund Michael ihren Urlaub bei ihr und ihrem Mann Johannes zu verbringen und sie zu mir über das Wochenende zu begleiten. Parallel dazu besuchten die beiden Männer das Wochenende bei Isaias. Für Michael schien es eine große Herausforderung gewesen zu sein, Johannes zu diesem Wochenende zu begleiten, weil er *„von all dem Hokuspokus“* wie er Anna-Sophie mitgeteilt hatte, gar nichts hielt. Da die beiden jedoch nach vier Jahren in ihrer Beziehung einige Probleme miteinander hatten, beschloss er, sich auf dieses Experiment einzulassen. Außerdem wurde er ohnedies von Johannes, mit dem er sich sehr gut verstand, begleitet. Auch Anna-Sophie war offensichtlich sehr unsicher, ob sie hier bei mir am richtigen Platz wäre. Einige der anwesenden Frauen waren Singles, andere in mehr oder weniger gut funktionierenden Beziehungen und Ehen.

Clarissa stach ein wenig aus dieser Frauenrunde heraus - sie schien rundum glücklich mit Johannes zu sein - das Einzige, was ihr zu ihrem Glück noch fehlte, war ein Baby. Es wollte bei ihnen leider nicht klappen.

Nach unserer Vorstellungsrunde bat ich die Frauen, ihre wesentlichen Bedürfnisse und Sehnsüchte für diese gemeinsame Zeit und auch das aufzuschreiben, was für sie *Weiblichkeit, Lust und Hingabe* bedeutete. Dann begannen wir in einer Meditation den Fokus ganz nach innen zu lenken. Für mich bedeutet Meditation schon lange nicht mehr einer Technik nachzugehen, sondern *im Hier und Jetzt in die unmittelbare Stille einzutauchen und nach innen zu lauschen.* Für viele war diese Übung eine große Herausforderung, auch Anna-Sophie konnte damit so gar nichts anfangen - sie wetzte unruhig herum, öffnete immer wieder ihre Augen und blickte verunsichert um sich. Wenn unsere Blicke sich trafen, lächelte ich ihr aufmunternd zu und gab ihr damit das Gefühl, in Ordnung zu sein. Das schien sie etwas zu entspannen - sie musste nichts tun oder leisten, bloß hier mit uns sein, so gut sie es zulassen konnte.

Mich berührte diese junge Frau sehr, erinnerte sie mich so sehr an meine Tochter Sophie, die auch in ihrem Alter war und bis vor zwei Jahren ebenso schüchtern und ruhig in ihrem Wesen.

Sie konnte ebenso nur sehr schwer aus sich herausgehen und vor allem kaum ihre Gefühle zum Ausdruck bringen.

Die Übung dauerte 20 Minuten - einige waren danach vollkommen zur Ruhe gekommen, andere wirkten unruhiger als zuvor. Ich bat sie, nun eventuell notwendige Ergänzungen auf ihren Zetteln niederzuschreiben. Danach machten wir eine Paarübung, in der sich jeweils zwei Frauen fünf Minuten gegenseitig in die Augen blicken sollten. Anschließend sollte eine der anderen all das zurückzumelden, was sie an ihr als Frau in ihrer Weiblichkeit sah und wertschätzte. Ich bat natürlich darum, den Fokus nur auf die schönen und positiven Aspekte zu lenken und achtungsvoll in der Rückmeldung zu sein. Anna-Sophie schien unter Clarissas Worten richtig aufzublühen. Anschließend bat ich alle, die dazu bereit waren, mir ihre beschriebenen Zettel zu übergeben und beendete unseren Nachmittag mit einer Tanzeinheit, in der ich sie anwies, über den Tanz ihre Weiblichkeit und Erotik zum Ausdruck zu bringen.
Es war faszinierend zu sehen, wie unterschiedlich all diese Frauen sich in ihrem Körper auszudrücken vermochten und wie sehr einige von ihnen unbeschreiblich verunsichert erschienen, aus sich herausgehen zu können.
Anna-Sophie tanzte in einer Ecke des Raumes und schien auch im Tanz sehr verschlossen zu

sein - nur wenn Clarissa mit ihr in Kontakt ging, war es ihr möglich, ein wenig mehr von sich zu zeigen. Vor unserem gemeinsamen Abendessen um 20 Uhr bot ich den Frauen eine freiwillige Teilnahme an einer 45-minütigen Yogaeinheit um 19 Uhr an. Bis auf Anna-Sophie und eine andere Teilnehmerin kamen alle in diese Einheit.

Den Abend verbrachten wir in geselligem Beisammensein - ich zog mich um 22 Uhr in mein Zimmer zurück, um mich mit den Wünschen und Vorstellungen der Frauen auseinanderzusetzen und wenn möglich all ihre Bedürfnisse in meine nächsten zwei Tage aufzunehmen. Schon zehn Minuten später klopfte es an meiner Türe - davor stand Anna-Sophie, den Tränen nahe. Ich nahm sie einfach nur in meine Arme und wartete, bis der anschließend heftige Tränenfluss versiegt war, um danach von ihr zu erfahren, wie unbeschreiblich groß ihre Angst wäre, Michael zu verlieren. Sie meinte, sie wäre krankhaft eifersüchtig und hätte dennoch in ihrer Beziehung nie wirklich ihre Bedürfnisse zum Ausdruck bringen können. Außerdem fühlte sie sich hier in der Gruppe total verloren und war sich nicht sicher, ob es sinnvoll für sie wäre, hier zu bleiben. Nach einem Gespräch von Frau zu Frau, das ihr sehr guttat, bot ich ihr an, zu bleiben und dennoch nur das mitzumachen, was ihr möglich war. Mit dieser Lösung schien sie einverstanden zu sein und konnte beruhigt auf die nächsten zwei Tage blicken.

Es wurden zwei außergewöhnlich kraftvolle und lustvoll-erotische Tage weiblicher Ausdrucksform für uns alle. Anna-Sophie blühte wahrlich auf und entfaltete sich zu einem strahlenden weiblichen Wesen - ihre innere Schönheit konnte nun auch ihre äußere Schönheit mit einem neuen Leuchten erfassen. Die größte Herausforderung für *meine Frauen* war unser *Nacktbaderitual* an einem kleinen Wasserfall in unmittelbarer Nähe unserer Finca. Dort machte ich mit ihnen *rituelle Frauenwaschungs-Zeremonien* und ein sehr intensives *Heilritual* für die eigene Weiblichkeit. Ich überließ es natürlich jeder Einzelnen, wie weit sie sich tatsächlich entkleiden wollte. Am Ende waren nur noch zwei der Frauen mit ihren Höschen bekleidet - alle anderen hatten im Laufe der drei Stunden mehr und mehr den Mut gefunden, alle Kleidungsstücke von sich zu werfen. Unser Beisammensein wurde zu einem lustvollen Spiel nackter Weiblichkeit - teilweise erlebten wir uns wie verspielte Mädchen.

Ich selbst kehrte nach diesem Wochenende erfüllt und glücklich in Isaias´Arme zurück und wir genossen eine gemeinsame Nacht, die so unbeschreiblich intensiv war, als hätten wir uns schon einige Wochen nicht mehr vereinigen können.

Ich hatte ihm für unseren Abend der Wiederbegegnung eine aufregende Überraschung vorbereitet, weil er mir mitgeteilt hatte, dass er selbst erst zwei Stunden nach mir in unser Haus kommen würde…

Unsere intensive Arbeit mit all diesen wunderbaren Menschen brachte noch ein zusätzliches Element in unsere gelebte Erotik und Hingabe.

Bereits drei Wochen später erhalte ich einen Brief von Anna-Sophie:

Liebe Magdalena,
es ist mir ein großes Bedürfnis Dir mitzuteilen, was in der kurzen Zeit zwischen Michael und mir geschehen ist. Stell Dir vor, ich habe vor zwei Tagen von ihm einen Heiratsantrag bekommen - von dem Mann, der mir bis vor wenigen Wochen nicht einmal sagen konnte, ob er mich liebte und begehrte!

Es hat sich ja schon an dem Wochenende damals etwas ziemlich Eigenartiges ereignet. Nachdem Du uns von Selbstliebe und Selbstbefriedigung erzählt und uns in den schönen Übungen vermittelt hast, wie wir unseren Körper zärtlich aber auch lustvoll berühren sollten - was mir übrigens ziemlich peinlich erschien - hat mir Clarissa am Abend angeboten, mir eine Massage mit Öl zu geben.

Wie Du weißt, ist sie Ayurveda-Masseurin. Ich war ihr dafür sehr dankbar, weil ich schon ziemlich angespannt war - das alles war ja ganz neu für mich. Anschließend meinte sie dann beiläufig, dass wir nun gemeinsam masturbieren könnten, nicht weil sie lesbisch ist, sondern bloß, um mir zu helfen, es zu wagen - ich habe das zuvor ja noch nie gemacht. Es war mir einfach unmöglich, mich selbst *da unten* anzugreifen. Meine Güte, wie ich mich schämte, aber schon durch die Massage und all unsere erotischen Frauenthemen bemerkte ich ziemlich stark meine ansteigende Lust. Bin ich froh, dass ich Clarissa als Freundin habe, obwohl es so schade ist, dass sie nicht mehr in meiner Nähe wohnt! Also ließ ich mich darauf ein und folgte genau Clarissas Anweisungen - es war mehr ein Zusehen und Nachmachen. So begann ich ganz vorsichtig, eine Hand auf meine Brust zu legen, während die andere nach unten zu meiner Vagina wanderte - mein Herz pochte wie wild vor Aufregung. Ich bemerkte mit Erstaunen, wie feucht schon alles war. Als ich meine Hand dort hinlegte, meinte Clarissa, ich solle meine obere Hand in die Mitte zwischen meine Brüste legen und tief zu atmen beginnen, so wie wir es in der Gruppe am Nachmittag gemeinsam gemacht hatten. Ich konnte mich tatsächlich in diesen tiefen Atemrhythmus hinein entspannen und die Energie im Kreis durch meinen Körper führen. Mir wurde sofort ziemlich heiß, dabei hatte ich doch meine Hand bloß auf meiner

Scheide liegen. Nach einigen Minuten meinte Clarissa, ich solle nun vorsichtig mit meinen Fingern erforschen, was mir guttäte und dem einfach folgen, während ich mit meiner anderen Hand vorsichtig meine Brüste streichelte, auf denen sich meine Brustwarzen schon richtig hart aufgestellt hatten. Einerseits spürte ich meine Lust immer stärker werden, andererseits war es mir vor Clarissa schon ein wenig peinlich. Als sie dann aber heftiger zu atmen begann und sagte, ich solle mit dem Daumen auf der Klitoris bleiben und zwei Finger in meine Vagina einführen, um meinen G-Punkt zu finden, tat ich es mit ihr und spürte plötzlich diese kleine raue Erhebung in meinem Inneren. Ich begann diese nun zu massieren, während mein Daumen immer intensiver meine Klitoris zum Pulsieren brachte. Als mich Clarissa dann auch dazu aufforderte, ihr in die Augen zu sehen und mich einfach nur gehen zu lassen, war es plötzlich und unerwartet soweit - ich spürte eine starke Hitzewelle nach oben strömen, musste meine Augen schließen und hatte einen ganz intensiven Höhepunkt - fast gleichzeitig hörte ich auch Clarissa heftig stöhnen und zum Orgasmus kommen. Ich hätte mir das nie im Leben gedacht und konnte darüber natürlich nicht in der Gruppe sprechen, als andere von ähnlichen Erlebnissen berichteten. Ich verstand diese Frauen aber nun etwas besser.

Was sich dann alles danach - ich meine nach unserem Wochenende - ereignet hatte, grenzte für mich fast schon an ein Wunder. Ob ich Dir tatsächlich alle Details erzählen soll? Aber Du hast ja gemeint, wir können uns trauen…

Als ich nach diesen zwei Tagen Michael wieder begegnete, strahlte mich dieser so verliebt an, als würden wir uns gerade erst kennengelernt haben - er nahm mich in die Arme, küsste mich zärtlich und meinte, wie wunderschön ich aussehe. Mit Clarissa und Johannes verbrachten wir noch einen unglaublich gemütlichen Abend, den wir alle aber sehr schnell beenden wollten, weil unser aller Prickeln spürbar war.
Ich ging mit Michael in unser Zimmer und war aufgeregt, als ob wir uns das erste Mal aufeinander einlassen wollten. Und tatsächlich schien es das gewesen zu sein. Wir gingen gemeinsam in die Dusche und betrachteten unsere Körper mit einer Begeisterung, die ich zuvor nie erlebt hatte. Er begann mich ganz liebevoll einzuseifen und abzuduschen, während er schon zärtlich meine Brüste streichelte und meine Nippel mit seiner Zunge leckte - ich spürte dabei unerwartet etwas Lustvolles. Danach seifte ich ihn ein und ließ das warme Wasser über seinen Körper rinnen, um mich vor ihm hinzuknien und seinen erigierten Penis in meinen Mund zu nehmen. Irgendwie war plötzlich alles anders - ich hatte ja keine besondere Erfahrung damit, und habe

es vorher immer so gemacht, wie ich glaubte, dass es richtig wäre. Diesmal merkte ich ein Bedürfnis in mir, seinen Penis ganz langsam zu massieren und seine Eichel mit meinen Zähnen und noch mehr mit meiner Zunge zu liebkosen. Er blickte vollkommen verblüfft zu mir hinunter und schien es richtig zu genießen. Kurz darauf zog er mich zu sich hoch und nahm mich nass, wie wir waren, auf seine starken Arme, um mich zum Bett zu tragen und dort dann richtig zu streicheln. Mit seinen Händen und seinen Lippen berührte er meinen Nacken und meine Brüste - ich spürte das erste Mal, wie angenehm mir das war und hatte plötzlich das Gefühl, vollkommen entspannen zu können, während er mich weiter küsste und mit seiner Zunge ausgiebig und lange meinen Kitzler und meine Schamlippen verwöhnte. Als er dann zu mir nach oben glitt und mich nochmals intensiv zu küssen begann, flüsterte er mir ganz unerwartet in mein Ohr: „Ich liebe dich und begehre dich so sehr - ich hatte am Wochenende solch eine Sehnsucht nach dir.“ Ich war baff und bemerkte, wie mir plötzlich die Tränen kamen, während er so ganz langsam in mich eindrang - so wie nie zuvor. Ich zog ihn zu mir herunter und sagte: „Ich liebe dich ja auch so sehr, Michael.“ Und plötzlich schien ich irgendwohin zu verschwinden. Ich spürte, wie er mich nahm und musste gar nichts tun, um das Gefühl zu haben, es richtig zu machen. Während er mich intensiv nahm, legte ich selbst meine Finger auf meinen Kitzler und begann ihn zu massieren - und plötzlich spürte ich, wie mein Orgasmus kam und ich laut aufstöhnte - ich war noch nie in dieser Position gekommen. Meine Lust schien Michael auch so sehr zu erregen, dass er kurz darauf ebenfalls kam - er bäumte sich heftig auf und fiel dann total erleichtert auf meinen Körper. Ich war richtig glücklich in diesem Moment und hatte das Gefühl, dass uns nun nichts mehr passieren könnte. Irgendwie fühlte ich mich vollkommen sicher in seinen Armen. Wir hatten dann noch zwei weitere Begegnungen in dieser Nacht, weil wir einfach nicht mehr voneinander lassen konnten.

Und danach war alles irgendwie ganz anders zwischen uns - wir konnten miteinander über alles reden, wir konnten uns sagen, dass wir uns liebten, wir stritten kaum noch und wenn es dennoch vorkam, hörten wir einander genau zu, wodurch es uns schnell möglich wurde, eine Lösung zu finden. Ich spürte viel mehr Vertrauen und hatte das Gefühl, er würde mich tatsächlich lieben - und - er machte mir vor zwei Tagen tatsächlich einen Heiratsantrag!
Magdalena, ich danke Dir so sehr für Deine Geduld mit mir und Deine mütterliche Unterstützung - ich habe das Gefühl, dass Du eine echt tolle Frau bist und mir die Sicherheit gibst, dass ich jederzeit etwas verändern kann.
Und es hat sich schon viel verändert.

Wir wollen auf Mallorca heiraten - Clarissa und Johannes werden unsere Beistände sein und wir würden uns beide sehr wünschen, Dich und Deinen Mann bei unserer Hochzeit dabei zu haben.

Ich schicke Dir mit viel Dankbarkeit ganz herzliche Grüße
Anna-Sophie

PS. Übrigens - was ich noch sagen wollte - Clarissa ist mit ihren Tagen schon eine Woche überfällig - wer weiß!! ;-)

Als ich diese Zeilen lese, rinnen Tränen der Freude über meine Wangen.

Es zahlt sich wahrhaft aus, in Hingabe mit diesen wunderbaren Menschen meine geliebte Arbeit zu tun, die ja wahrlich nicht als Arbeit zu bezeichnen ist - so sehr erfüllt sie mich.

Sofort lasse ich Isaias diesen Brief lesen, der seinerseits eine knappe Woche später einen Brief von Michael erhält.
Ach ja - und auch von Clarissa erhalte ich eine Woche später eine E-Mail - sie war zu aufgeregt, um mit der Hand zu schreiben. Sie erwartet endlich ihr so heiß ersehntes Baby.

Was das Loslassen alter Einschränkungen und Hingabe zu dem was ist alles bewirken kann...

Michael

Nachdem wir uns natürlich immer wieder intensiv über unsere Workshops und Erfahrungen austauschten, sprachen wir auch ausführlich über diese jungen Menschen, die wir offenbar bei unserem Wochenende sehr berührt hatten und auf ihrem Weg in eine besondere gemeinsame Erfahrung begleiten konnten. Was kann es denn Schöneres geben, als solche Erfolgserlebnisse rückgemeldet zu bekommen.

Was bei seinem Workshop für Männer - und danach - gewesen ist, lasse ich nun meinen geliebten Isaias erzählen:

In LUST und LIEBE LEBEN –
Wochenend-Workshop für Männer

Eine transformierende Reise
in meine männliche Kraft
Darf ich wirklich Mann sein?

So wie meine wunderbare Frau ihr Wochenende mit ihrer Gruppe am Freitag um 16 Uhr begann, wählte ich denselben Zeitpunkt für den Beginn meines Männerwochenendes. Auch wir Männer verbrachten dieses Wochenende in einer Finca in der Nähe der Frauen, und nicht allzu weit vom Meer entfernt.

Unser Nachmittag begann nach unserer Vorstellungsrunde mit einer Meditation, bei der die Männer teilweise noch ziemlich unruhig und auch vielfach verunsichert erschienen, waren doch die meisten von ihren Partnerinnen zu mir geschickt worden - nicht ganz ungewöhnlich, wenn Männer sich auf dem Weg zur Bewusstheit machen. Dieses Gefühl vermittelte mir auch Michael, der mit Johannes zu mir gekommen war und meinte, er wisse eigentlich so gar nicht, was er hier tun sollte. Einerseits erfüllte er diesen Wunsch seiner Freundin Anna-Sophie andererseits vertraute er Johannes, den er über Anna-Sophies Freundin kennengelernt hatte und mit dem er sich auch sehr gut verstand. Johannes hatte ihm von mir erzählt, weil dieser schon zweimal im Rahmen eines Unternehmenscoachings mit mir als Coach Erfahrungen gesammelt hatte. Er ist in einem Unternehmen beschäftigt, in dem er eine leitende Position innehat und für das er nun seit knapp zwei Jahren am Aufbau einer Dependance auf Mallorca mitwirkt. Das war eigentlich der einzige Grund, warum Michael

hierherkam und dieses Wochenende mit einem Urlaub ihm Haus des befreundeten Paares verband. Johannes schien für ihn ein gewisses Vorbild zu sein, weil dieser mit seinen 35 Jahren bereits eine sehr gute berufliche Karriere gemacht hatte und offensichtlich auch im Privatleben mit Clarissa sehr glücklich war. Michael war um einige Jahre jünger - er war 27 - und wusste nicht so recht, wohin er in seinem Leben noch kommen wollte.
Ich hatte Michael angeboten, einfach die Möglichkeiten, die ich an diesem Wochenende eröffnete, zu betrachten und dort mitzumachen, wo es ihm beliebte. In meinem Workshop gab es niemals die Vorgabe, etwas tun zu müssen, geschweige denn, zu erreichen.
Gleich im Anschluss an unsere erste Meditation schickte ich die Männer in die Natur, mit der Bitte, jeweils zu zweit ihre Wünsche und Vorstellungen zum Thema *Männlichkeit, Beziehung und Beruf* auszutauschen. Wir würden uns in einer Stunde wieder treffen und anschließend gemeinsam mit unseren Mountainbikes oder von der Finca zur Verfügung gestellten Fahrrädern zum Meer fahren, um dann ausgiebig zu schwimmen und für das gemeinsame Abendessen um 20 Uhr zurückzukehren.

Mit Magdalena hatte ich vereinbart, die Zeiten im Meer unterschiedlich zu gestalten, weil es keine Ablenkungen für unsere Teilnehmer und

Teilnehmerinnen geben sollte. Meine geliebte Frau bat mich auch, am Samstag spätnachmittags und abends nicht zu dem in der Nähe gelegenen kleinen Wasserfall zu kommen, weil sie dort *Nacktbade-Rituale* mit den Frauen machen wollte und dies natürlich in einem sehr geschützten Rahmen stattfinden sollte.
Wir beide sind ohnehin so stark über die geistige Ebene verbunden, dass es zwischen uns oftmals gar nicht mehr vieler Worte und Vereinbarungen bedarf, um im richtigen Moment das Richtige zu tun.

Nach der Stunde in der Natur, die Michael mit seinem Freund Johannes verbracht hatte, kam er schon um vieles gelöster zurück, und die sportlichen Aktivitäten danach ließen ihn wahrhaft aufleben.
Beim Abendessen befand ich mich in einer Runde von sehr unbefangenen und entspannten Männern. Um 21:30 Uhr machte ich mit ihnen noch eine Abendrunde, um die Ergebnisse ihrer Erfahrungen vom Nachmittag zu sammeln und damit auch die nächsten beiden Tage möglichst nach ihren Wünschen zu gestalten.
Den Abschluss dieses Tages erlebte ich sehr kraftvoll - ich konnte mit ihnen in ein gutes Wochenende starten - auch die letzten Vorbehalte waren ausgeräumt.
Tatsächlich wurde unsere gemeinsame Zeit ein großer Erfolg - die Männer kamen mehr und mehr in ihre Urkraft und auch auf der sexuellen

Ebene war es mir möglich, ihnen neue Impulse zu geben. Jenen, die scheinbar von ihren Gefühlen noch etwas distanziert waren, konnten sich auch in diesem Bereich neue Wahrnehmungen eröffnen.
Michael lebte immer mehr auf - er konnte sich plötzlich in seinem Wert als *Mann* und auch als *erfolgreicher Mann* sehen und erkennen. Er schien Zugang zu seinem Herzen und seiner Kraft gefunden zu haben - nicht nur zu seiner körperlichen, sondern vielmehr auch zu seiner geistigen Stärke.

Zufrieden und gestärkt konnten wir Männer nach diesem Wochenende zu unseren Frauen und die drei, die ohne Partnerin waren, in ihr Leben, dem möglicherweise ein neuer Aspekt hinzugekommen war, zurückkehren.

Als ich nach diesen zweieinhalb Tagen nach Hause kam, war meine wunderschöne Göttin schon im Haus. Es duftete herrlich und ich sah am Boden Rosenblätter gestreut. *Willkommen im Paradies! Eine Überraschung wartet auf Dich, mein König* - war jene kleine Botschaft, die ich auf dem Weg durch die vielen duftenden Blütenblätter vorfand. Kleine köstliche Häppchen, die mir irgendwie bekannt vorkamen und teilweise fast erotisch aussahen und vor allem köstlich schmeckten, waren ebenso auf meinem *Weg ins Paradies* angerichtet. Dieser führte mich in unser Gästebadezimmer, wo ich eine weitere kleine Notiz fand: *Ich weiß doch, dass Du eine Dusche nach diesem Tag willkommen heißt, mein Geliebter.* Wahrlich, die brauchte ich nach dieser intensiven Zeit. Also stieg ich in die Duschkabine, in der auf dem Seifenhalter wieder ein Häppchen und ein duftendes Öl-Duschgel vorbereitet war .Vor der Dusche lag ein Badetuch bereit. Als ich nach einer angenehmen, aber recht kurzen Dusche - ich war schon zu aufgeregt, wissen zu wollen, welch eine Überraschung auf mich wartete - das Badetuch nahm, um mich abzutrocknen, fiel eine weitere Notiz zu Boden: *In unserem ‚Liebes-Tempel' erwartet Dich eine besondere Frau - Aphrodite, Cleopatra, die Königin der Nacht...???*

Mit dem Badetuch um meine Hüften ging ich die Stiege zu unserem gemeinsamen Raum nach oben. Vor der Türe lag eine Augenbinde, verziert mit einem weiteren kleinen Happen und der Aufforderung: *Bitte nur mit verbundenen Augen eintreten.* Ich folgte der Anweisung, verband mir meine Augen und öffnete langsam die Türe. In diesem Moment begann eine unbeschreiblich schöne, sphärische Musik zu erklingen - es roch nach einem schweren, aphrodisischen Duft und meine Göttin berührte sanft meinen Arm. Sie führte mich zu unserer Liegestatt, bettete mich auf Kissen und ließ mich liegen, nachdem sie mir noch eine exotisch schmeckende Komposition in den Mund gesteckt und in mein Ohr gehaucht hatte, dass ich in einer Minute meine Augenbinde abnehmen dürfte.

Bedächtig folgte ich ihrer Anweisung…

Nun steht diese Schönheit vor mir, mit starkem Make-up, in High Heels und einem transparenten Umhang, der sie in ihrer Haltung tatsächlich wie eine Königin erscheinen lässt. Ihre Ausstrahlung ist überwältigend, während sie sich majestätisch und doch tänzerisch im Raum bewegt - ihr Körper umschmeichelt vom Licht all der vielen Kerzen. Ein Musikwechsel erfolgt - sie streift den Umhang von sich, schlüpft aus den High Heels und steht nun in einer edlen, schlichten Tunika vor mir, die so gar nichts von ihrer Erotik nehmen kann. In einem zurückhaltenden Tanz schmückt sie ihre Stirn mit einem Goldreif und könnte tatsächlich Cleopatra sein, die ihren Kaiser betören möchte. Beim nächsten Musikwechsel öffnet sie in einer schlangenartigen Bewegung die Tunika, nachdem sie wieder in ihre High Heels geschlüpft ist…

Vor mir zeigt sich dieses unbeschreibliche *sexy Weib* in einer atemberaubend schönen Spitzenwäsche, die ich noch nie zuvor gesehen habe, und in Netzstrümpfen, die ihre wunderschönen langen Beine betonen. Nun beginnt meine Göttin Aphrodite ihren Verführungstanz, den sie mit Perfektion beherrscht und mich damit beinahe zum lustvollen Wahnsinn treibt. Mein Penis ist zum Bersten hart und in sinnlicher Erwartung, während ich fasziniert ihre Bewegungen bewundere und spüre, welch unbeschreibliche Lust diese Frau in mir erweckt - immer wieder von Neuem und auf andere Weise. Sie tanzt zu mir, wieder von mir weg, und bei jeder Umdrehung fällt ein weiteres Stück, bis sie nur mehr in ihren Strümpfen vor mir steht - lustvoll und breitbeinig, sodass ich ihre Lust bereits intensiv riechen kann. In stolzer Haltung offenbart sie sich mir, blickt aus ihren stark geschminkten Augen in die meinen, stellt ein Bein auf das Bett und lässt mich direkt auf ihre glänzend nasse und angeschwollen pulsierende Eingangspforte in dieses Paradies blicken. Ich betrachte meine Göttin, während sie sich langsam den Strumpf nach unten rollt, um danach das zweite Bein aufzustellen und dasselbe zu tun. Immer wieder höre ich mich selbst lustvoll aufstöhnen, bereit und in Erwartung, mich mit dieser wundervollen Frau, die wirklich zu *meiner Königin der Nacht* geworden ist, tief, lange und in allen Varianten unserer Lust und Sinnlichkeit zu vereinigen.

Wir verbringen tatsächlich eine Nacht, die einfach überirdisch ist, unerfassbar mit meinen menschlichen Worten, um das zum Ausdruck zu bringen, was in meinem Inneren durch unsere unglaublich tiefe Liebe und mein unendliches

Begehren für diese außergewöhnliche Frau erfahrbar und erlebbar ist.
Was zwei Tage Trennung schon alles auslösen können - noch dazu kamen wir beide aus einem Kraftfeld weiblicher und männlicher Energie zurück in unser Zuhause.
Es ist einfach göttlich, was wir miteinander immer wieder erleben können.

Übrigens erfuhr ich am nächsten Morgen, dass diese umwerfende Wäsche von einer der Kursteilnehmerinnen meiner Frau war, die diese exklusiven Dessous und Bademoden auch auf Partys anbot und Magdalena vorgeschlagen hatte, den Frauen eventuell bei den Workshops die Möglichkeit zu eröffnen, diese schönen Stücke zu erwerben. Obwohl ich meine Schönheit am liebsten ganz nackt und pur vor mir sehe, muss ich schon sagen, dass diese edlen Stücke ihre zusätzliche Wirkung nicht verfehlten.

In den nächsten Tagen kamen noch einige Männer zu einem Einzelcoaching. Für Michael und Anna-Sophie gaben wir gemeinsam eine intensive Doppelstunde, aus der beide sehr gelöst und strahlend hinausgingen, bevor sie zurück nach München flogen.

Es ist wunderbar, welch innere Übereinstimmung zwischen Magdalena und mir bei allem besteht. Ohne uns besonders vorbereiten oder absprechen zu müssen, läuft jede Intervention fließend und harmonisch ab.

Tatsächlich bekam auch ich einen Brief von Michael:

Hallo Isaias,
ich bin weder ein besonderer Briefschreiber noch so formulierungsgewandt wie meine liebe Anna-Sophie. Vermutlich weißt Du ja schon einiges von den letzten Ereignissen.
Es ist so viel passiert - nicht nur privat, sondern auch beruflich - echt toll.
Weil ja meine Liebste schon die wesentlichen Details unserer Beziehung erzählt hat, möchte ich gerne damit beginnen, dass es unglaublich ist, was sich anschließend in meiner Firma getan hat. Eigentlich hat mich mein Job, wie Du ja weißt, so gar nicht gefreut. Immer nur mit Zahlen und Fakten konfrontiert zu sein ist mir ziemlich auf die Nerven gegangen und ich habe schon überlegt, das Handtuch zu werfen. So war es für mich echt erstaunlich, dass zwei Tage nach meiner Rückkehr mein unmittelbarer Vorgesetzter mich zu sich rief, um mir mitzuteilen, er habe mich für den freien Posten als Personalentwickler vorgeschlagen. Er meinte, alle Kollegen würden meine ruhige und ausgeglichene Art sehr schätzen und sie hätten das Gefühl, ich wäre für so einen Posten der richtige Mann. In drei Tagen gäbe es ein Hearing in der Geschäftsleitung, an dem noch

zwei andere Personen - ein Kollege und eine Kollegin - teilnehmen würden und ich sollte ihm nun sagen, ob ich Interesse hätte. Er habe mich in meiner Abwesenheit vorgeschlagen, weil diese Stelle kurzfristig zu besetzen wäre. Ich war sprachlos, weil ich zuvor nie so richtig wusste, was ich wirklich tun sollte und sich mir damit plötzlich eine neue Möglichkeit bot, mich mit Menschen statt mit Zahlen zu beschäftigen. Ich habe spontan zugestimmt und bin ganz locker und ohne große Erwartungen dort hingegangen, und stell dir vor, ich hab den Job bekommen! Ich kann es noch gar nicht richtig glauben. Das Ganze hat mir auch gleich eine ziemliche Gehaltserhöhung gebracht, daher habe ich diesen besonderen Anlass dazu genützt, Anna-Sophie in ein feines Restaurant einzuladen und sie zu fragen, ob sie mich heiraten möchte. Ich habe ihr bei meinem Antrag einen richtig schönen Ring an den Finger gesteckt und gemeint, dass ich ja jetzt endlich auch einen Job hätte, der es ermöglicht, eine Familie zu gründen. Sie ist vollkommen aus den Wolken gefallen und in Tränen ausgebrochen - mitten im Lokal - und hat unter Schluchzen „Ja!“ gesagt. Die umliegenden Gäste haben gleich mit uns angestoßen und uns „Alles Gute“ gewünscht.

Anna-Sophie hat mir immer vorgeworfen, dass ich meine Gefühle nie ausdrücke, aber sie selbst war ja auch nicht viel besser. Nie hat sie

wirklich ausgesprochen, was sie eigentlich wollte. Frauen sind schon komplizierte Wesen, oder? Man soll ihnen ihre Wünsche von den Lippen ablesen und wenn man das nicht tut - woher soll ‚man-n' es riechen? - sind sie beleidigt.
Allerdings hat sich seit unserem Wochenende bei Euch unglaublich viel getan. Ich habe tatsächlich erst danach erstmals aussprechen können, dass ich sie liebe - aber ich habe sie schon davor ehrlich geliebt. Nur ihre krankhafte Eifersucht hat mich selbst wahnsinnig gemacht, wo ich ihr noch nie einen Grund dafür gegeben habe. Was Deine Frau mit ihr gemacht hat, weiß ich ja auch nicht, aber sie ist seither ganz anders, offen und großzügig, wenn ich einmal einen Männerabend haben möchte. Außerdem ist der Sex bei uns jetzt um so vieles besser.

So war es dann auch an dem Abend nach dem Heiratsantrag - plötzlich war Anna-Sophie locker und ganz frei. Schon am Heimweg im Taxi hat sie mich angeschmust und mir unerwartet ihre Hand auf meinen Penis gelegt, der natürlich sofort angeschwollen ist. Zu Hause angekommen sind wir lustvoll übereinander hergefallen. So habe ich sie noch nie erlebt, obwohl schon nach Eurem Wochenende irgendetwas anders war. Wir haben uns von der Eingangstüre zum Schlafzimmer das Gewand vom Leib gerissen und waren nur mehr voller Begierde, uns

miteinander zu vereinen, wie du es immer so fein ausgedrückt hast. Keine Rede mehr vom ewig langen Vorspiel, bis sie endlich feucht wurde. Ganz im Gegenteil - sie hat sich richtig frech an die Kommode gelehnt, mir ihren Hintern hingestreckt und gemeint: „Nimm mich doch endlich.“ Ich hab gedacht ich hör nicht recht und hab sie einfach genommen, ganz heftig und wild, bis wir beide gleichzeitig richtig gut gekommen sind. Das war aber noch nicht alles. Es ging dann noch weiter, und beim dritten Mal haben wir es mit der Atemübung, die Ihr uns beigebracht habt, versucht. Es war gar nicht schlecht, was da so passiert ist. Ich kann mir schon langsam vorstellen, was Du damit gemeint hast, einen Orgasmus ohne Ejakulation zu spüren. Aber im Moment genieße ich es nur, endlich eine so geile Frau zu erleben. Für die anderen Spiele haben wir ja eh noch genug Zeit. Ich bin mir ziemlich sicher, dass wir dann auch einen Paar-Workshop bei Euch besuchen wollen. Vielleicht können wir das ja irgendwie mit unserer Hochzeit verbinden.
Es würde nämlich auch mich sehr freuen, wenn Ihr dabei sein könntet. Ihr seid schon sehr mitverantwortlich, dass das alles jetzt so schnell gegangen ist.

Also dann, Isaias, ich bin echt froh, mit Johannes zu Dir gekommen zu sein und bedanke mich für all diese wichtigen Dinge, die

Du uns erfahren hast lassen. Vielleicht war das ja auch ausschlaggebend für meinen neuen Job, der mir übrigens jetzt schon zu gefallen beginnt, obwohl ich gerade alles erst kennenlernen muss. Lass bitte Deine Frau schön von mir grüßen - übrigens Anna-Sophie meint gerade, ich soll Dich auch von ihr grüßen lassen.

Liebe Grüße
Michael

Wie sehr mein geliebter Isaias sich über diesen Brief gefreut hat! Michael ist ein so junger Mann und schien bisher mit Bewusstseinsarbeit noch gar nichts zu tun gehabt zu haben. Umso faszinierender ist es, was eine bloß veränderte Wahrnehmung in Menschen schon auslösen kann.

Wir haben kurz darauf beiden gemeinsam zurückgeschrieben und ihnen natürlich mitgeteilt, wie sehr wir uns freuen würden, bei ihrer Hochzeit - wenn es sich terminlich vereinbaren ließe - dabei zu sein und ihnen unseren Segen auf ihre Lebensreise mitgeben zu können.

Es ist immer erfreulich für mich zu sehen, wie sehr schon junge Menschen wirklich offen für Veränderung und Bewusstseinserweiterung sind.

Apropos junge Menschen - uns erwartet

demnächst auch etwas ganz Besonderes.
Schon in wenigen Tagen werden uns unsere Kinder besuchen kommen. Sie haben beschlossen, alle gemeinsam aufzutauchen, weil es dann mehr „Action", wie sie meinten, gäbe. Meine beiden wollen das natürlich gleich mit einem Sommerurlaub mit ihren jeweiligen Partnern verbinden und auch deine Tochter Isabel möchte uns ihren Freund vorstellen, mit dem sie seit sieben Monaten zusammen ist. Nur Andres hat noch keine Freundin und beschließt aus diesem Grund, seinen besten Schulfreund dabei haben zu wollen. Das bedeutet für mich natürlich, eine Großfamilie versorgen zu müssen, womit ich mich im Moment noch ein wenig überfordert fühle, weil ich so etwas nie kennengelernt habe. Ich bin ziemlich aufgeregt und gespannt darauf, was mich in dieser Woche alles erwarten wird. Umso mehr freue ich mich aber, alle bei uns im Haus beherbergen zu können. Besonders glücklich macht mich die Tatsache, dass mein Sohn Philipp tatsächlich wieder mit seiner Freundin Iris zusammengekommen ist, von der er vor knapp einem Jahr eine Zeit lang getrennt war. Meine Intuition war damals wie so oft in meinem Leben richtig. In wenigen Tagen werden alle Acht unser Haus mit ihrer Lebendigkeit erfüllen.

Unser Sommer ist überhaupt ziemlich ausgefüllt mit viel Programm und einigen Gästen. Schon einige Tage nach unserer Reflexion über unsere

abgehaltenen Workshops im Juli und der Abstimmung unserer Workshops im September und Oktober - die beide schon beinahe ausgebucht sind - beginnt hier für mich ein unbeschreiblich intensives gesellschaftliches Leben.
Ich tauche in eine für mich vollkommen neue Lebenserfahrung ein, nach all den Jahren des Alleinseins und meines Lebens in Ruhe und Stille und meiner ursprünglich großen Angst vor zu viel Lärm um mich herum. Immer wenn mir alles ein wenig zu viel wird, setze ich mich an einen ruhigen Ort, beginne tief durchzuatmen und denke an die aus einem Buch zitierten Zeilen, die mir meine liebe Freundin Laura geschickt hat, als ich irgendwann in einem Sommerurlaub ziemlich an meiner Umgebung von lauten Menschen und schreienden Kindern verzweifelt bin:

'Manche Leute lehren, dass Mystiker an abgelegenen Plätzen leben, aber viele, viele in der ganzen Welt leben genauso wie ihr - in der verstecktesten Art überhaupt - als ganz außergewöhnliche Seelen, die in ganz normalen Umständen leben.
Das ist absolut richtig so, denn so schön es ist, an einen Rückzug zu einem entfernten Platz von großer Schönheit und Heiterkeit zu denken, an dem die Alltagssorgen nur selten eindringen, gedeihen ihre kräftigsten Rosen doch nur auf dem Boden, wo sie am meisten gebraucht

werden. Lautes Hupengeräusch, fahrende Krankenwagen, schreiende Kinder, Leute, die stöhnen und tanzen und sich lieben, das ganze Durcheinander der Menschheit, deren Lieder, Geräusche und Weinen sind genau die richtige Grundlage des Weltalls.' (aus: *Die Wolfsfrau erzählt* von Clarissa Pinkola Estes)

Damals musste ich mich erst wieder erinnern, wie essenziell mich das Buch *Die Wolfsfrau* begleitet hatte, als ich mich selbst auf die Reise zu meiner eigenen Weiblichkeit, meinem Selbstwert als Frau und meiner Ur-Natur gemacht hatte.
Ich bin erleichtert, wie sehr es mir jetzt schon immer besser möglich ist, mit Lärm zurechtzukommen und oftmals sogar gut dabei schlafen zu können - vermutlich hat mir dabei die Sicherheit, die ich an deiner Seite spüre, sehr geholfen.
Nun freue ich mich von ganzem Herzen, wenn unser Haus bald mit den Geräuschen und dem Lachen vieler junger Menschen erfüllt sein wird.

Du kommst zu mir auf die Terrasse, auf der ich all meine Gedanken zu Papier bringe, umfasst mich zärtlich von hinten, hauchst mir einen Kuss in den Nacken, streichst vorsichtig mit deinen Händen über meine Schultern, massierst diese sanft und kräftig zugleich, lässt so ganz zufällig deine Hände nach vorne gleiten, die beinahe wie ein Hauch von nichts über meine

Brüste streifen, um mich dann innig zu umfassen und mir ins Ohr zu flüstern: „ Ich hab eine so unglaubliche und unbändige Lust auf dich, meine Königin.“
Schon dieser kleine kurze Satz, verbunden mit deinen Berührungen, löst ein sanftes Beben in meinem Körper aus, ein leichtes Pulsieren in meinem Unterleib…

Ich lege meine Schreibunterlagen auf die Seite, lasse mich von deinen Händen, die du mir entgegenstreckst, hochziehen und folge dir…

Kurt und Helena

Nach einem aufregenden, lustvollen und abwechslungsreichen Hochsommer, kehrt jetzt auf Mallorca auch wieder ein wenig Ruhe ein, genauso wie in unserem Zuhause. Ich hatte überhaupt noch nie in meinem Leben zuvor so viele Gäste empfangen wie in diesen Sommermonaten.

Soeben sind unsere acht jungen Besucher wieder abgereist - die Ruhe in unserem Haus erscheint mir schon fast gespenstisch. Wir haben eine wunderbare Woche mit unseren Kindern und ihren Freunden und Freundinnen verbracht. Dennoch freue ich mich jetzt auf fast drei Wochen der Entspannung und Ruhe, in denen auch du kurz vor unserem nächsten Workshop für eine Woche geschäftlich unterwegs sein wirst.

Wir haben uns entschieden, für diesen nächsten Paar-Workshop nicht nur heterosexuelle, sondern auch homosexuelle Paare zur

Teilnahme einzuladen. Tatsächlich haben sich schon zwei Frauenpaare, die anscheinend auch untereinander eine freundschaftliche Beziehung haben und aus Holland kommen, bei uns angemeldet. Es wird eine gemischte Gruppe aus verschiedenen Ländern sein, weswegen wir diese erstmals in Englisch anleiten werden. Ein wenig nervös macht mich das schon, weil ich die englische Sprache nicht so perfekt beherrsche wie mein geliebter Mann. Wie immer gelingt es ihm, mich vollkommen zu beruhigen, weil er meint, ich sei sicher so gut geführt, dass meine Worte von selber fließen. Vermutlich hat er damit recht, weil ich diese Erfahrung in wichtigen Situationen schon einige Male zuvor gemacht habe.

Es ist für mich besonders erfreulich, dass mein bester Freund und Trauzeuge Kurt mit seiner Frau Helena auch teilnehmen möchte und wir diese Gelegenheit zum Anlass nehmen werden, die beiden als Gäste in unserem Haus und zu unserem Workshop zu empfangen. Kurt, ein Gourmet und exzellenter Koch, hat uns angeboten, für diesen Workshop das Einstiegs-Dinner zuzubereiten, angelehnt an das *Love Menu* von *Maravan*, dem Koch aus Martin Suters Buch *Der Koch*, in dem er auch einige aphrodisierende Zutaten verarbeiten wird. Er ließ es sich nicht nehmen, uns die Zubereitung dieses Drei-Gang-Menüs als äußerst großzügiges Gastgeschenk zu machen. Mit diesem Einstieg wird vermutlich unsere

Paarwoche, die diesmal von Sonntagabend bis Donnerstagabend dauern wird, schon sehr erotisierend für uns alle beginnen.
Der Titel, den wir für diesen Workshop gewählt haben, lautet:

In LUST und LIEBE LEBEN
Vier-Tages-Workshop
für Paare jeglicher sexueller Orientierung

Eine transformierende Reise
zu einem in Lust und Liebe gelebten Leben

Von Sex zu wahrer Erotik und
gelebter sinnlicher Vereinigung
Von Lust zu tiefer Hingabe

Da Kurt und Helena schon jahrelang gemeinsam Qigong-Workshops veranstalten, haben sie uns angeboten eine Qigong-Einheit als Morgeneinstimmung anzubieten und diese mit dem Schwerpunkt auf Übungen zu gestalten, die auch die sinnliche Energie zu aktivieren vermögen. Uns freut es sehr, dadurch für unsere eigene Yoga- und Qigongpraxis einige neue Impulse zu bekommen, und den beiden ermöglicht diese Plattform, in einer Gruppe von 30 Personen Werbung für ihre eigenen Angebote zu machen.

Ich freue mich ganz besonders, mit Kurt diese Zeit verbringen zu können, der ein wichtiger

Wegbegleiter auf dem Weg zu meiner Lebensliebe und Berufung geworden ist. Nie werde ich vergessen, wie spontan er mir bereits in den ersten Wochen unseres Kennenlernens vor genau fünf Jahren angeboten hat, mich als Trauzeuge meinem künftigen Mann übergeben zu wollen. Wie wunderbar sich diese *Prophezeiung* schon wenige Jahre danach in die gelebte Realität umgesetzt hat! Obwohl wir natürlich auch über die Ferne unsere Freundschaft sehr aktiv halten, ist es für mich etwas ganz Besonderes, ihn bald für zehn Tage bei uns im Haus zu beherbergen und damit auch Helena wieder begegnen zu können, die mir nach Überwindung unserer anfänglichen Hürden *weiblichen Konkurrenzverhaltens* ebenso eine wertvolle Freundin in meinem Leben geworden ist. Für mich war es immer besonders lehrreich, mitzuerleben, wie die beiden bewusst und wertschätzend durch ihre vergangenen Beziehungskrisen durchgegangen sind - als Buddhisten hatten sie dafür auch einige hilfreiche Werkzeuge in Händen, vor allem die *Achtsamkeit* im Umgang miteinander.

Wie sehr ich diese Stunden unserer Zweisamkeit genießen kann. Wir haben uns nach der Abreise unserer Kinder ganz bewusst in unser Zuhause zurückgezogen und in der letzten Zeit alle gesellschaftlichen Aktivitäten gemieden. Die Zeit sollte vollkommen unserer Liebe gewidmet sein…

Noch klingen in mir die Stunden unserer letzten Nacht nach, die Vibrationen, die meinen Körper immer noch erfüllen und das Nachglühen unserer vielen intensiven und lustvollen Stunden in der letzten Woche mit all den göttlichen Vereinigungen, die wir in einer immer wieder tiefer werdenden Ekstase erlebten: *‚Wie kann es möglich sein, dass diese gelebte tiefe Liebe uns immer weiter führt - noch tiefer eintauchen lässt in ungeahnte Sphären lustvoller himmlischer Erfahrungen? Du bist wahrlich das göttliche Geschenk, das ich in diesem Leben nach allzu langer Zeit großer Sehnsucht endlich empfangen durfte. Ich bin demütig und in unendlicher Dankbarkeit dafür, all diese Liebe und Sinnlichkeit erfahren zu können.'*
Versunken in einer Meditation kann ich die Stille und den sanften Klang des Meeres, der zu mir dringt, in unserem Haus wahrnehmen, nachdem du vor wenigen Stunden abgereist bist - ein inzwischen vollkommen ungewohntes Gefühl, bei all dem Trubel in diesem Sommer. Daher habe ich beschlossen, auch diese Tage im Rückzug zu verbringen, bevor meine Freunde kommen werden.

Nach meinen wenigen Tagen der Ruhe, Kontemplation, Entspannung und des Schreibens kommen Kurt und Helena, die ich nun am Flughafen in Palma mit großer Vorfreude erwarte. Mein lieber Freund Kurt

wollte unbedingt die Tage vor Workshopbeginn nutzen, um schon wichtige Vorbereitungen für das besondere Dinner zu machen - natürlich wollte er die Einkäufe nicht mir alleine überlassen, weil ich keine Ahnung von den wesentlichen Dingen einer gehobenen Küche habe. Aus diesem Grund erachtete er es als sinnvoll, früher anzureisen, was uns die Gelegenheit gibt, noch zwei Tage für uns zu haben, bevor Isaias von seiner Geschäftsreise zurückkehrt und unsere Woche beginnt. Es ist eine schöne Zeit mit ihm, die Helena mit Freude am Strand und in unserem Garten verbringt, während wir die wichtigsten Einkäufe tätigen und ich Kurt bei seinen Vorbereitungen in der Küche unseres Seminarhauses Gesellschaft leiste. Hier ist er wahrhaft in seinem Element. Somit besteht endlich wieder einmal die Möglichkeit, mit meinem liebsten Freund Zeit zu verbringen. Ich genieße es sehr und freue mich gleichzeitig auf die baldige Rückkehr meines geliebten Mannes.
Mein lieber *Haubenkoch Kurt* lässt es sich auch nicht nehmen, uns ein herrliches Abendessen zu bereiten, während ich Isaias mit Herzklopfen und weißen Rosen und Lilien vom Flughafen abhole. Meine Gedanken schweifen umher: *‚Meine Güte, es ist wie in unserem ersten Jahr, in dem wir uns in jedem Monat neu begegnet sind - bin ich schon wieder aufgeregt ... mein Magen schmerzt ... er spielt verrückt, und ich zittere ja wie Espenlaub...war das damals*

immer berauschend ... wo bist du denn, mein Geliebter?' Nervös blicke ich um mich - ich stehe beim Ausgang, wo du erscheinen sollst und fühle meinen Körper vor Aufregung beben, so nervös bin ich, dir in Kürze in den Armen zu liegen. Mein Blick schweift suchend über die Köpfe der Menschen, die auftauchen - schon sehe ich deine dunklen Haare und kurz danach deine Augen, die mich ebenfalls bereits erblickt haben. Wie in Trance gehe ich auf dich zu, Tränen der Freude fließen über meine Wangen - du kommst näher, legst dein Gepäck zur Seite und öffnest weit deine Arme, in die ich erleichtert und glückserfüllt falle. *‚Endlich bist du wieder da, mein Geliebter.'* „Wie schön du bist, meine Göttin", sind die ersten Worte, die ich von dir höre, um mich mit einem Blick tiefster Liebe noch inniger an dich zu ziehen und sanft zu küssen. Ich hauche nur in dein Ohr: „Willkommen zu Hause, mein göttlicher Geliebter", und überreiche dir den riesigen Blumenstrauß. *‚Wie oft wurde ich von dir mit solchen Blumen schon empfangen - auf einigen Flughäfen unserer Erde.'*

Hand in Hand und verliebt wie zwei Teenager gehen wir zur Garage, in der du es einfach nicht lassen kannst, mich unvermittelt in einer nicht einsehbaren Nische gegen die Wand zu drücken. Du beginnst mich innig und lustvoll zu küssen und meine Brüste zu liebkosen, während deine Hand unter meinen Rock, unter dem ich natürlich kein Höschen anhabe, gleitet, um meine unverzüglich feuchte Blüte zu verwöhnen. Da du weißt, wie schnell meine Lust zu entfachen ist, schaffst du es wieder einmal mich ganz schnell mit deinen wendig wissenden Fingern in meiner pochenden Liebeshöhle zu einem herrlich erlösenden Höhepunkt zu begleiten, während ich deinen harten, pulsierenden Penis an meinem Schenkel spüre. Einfach herrlich, wie du in mir meinen empfindlichsten Punkt massierst, um mich in kurzen Momenten in höchste Ekstase zu bringen. Ich erlebe es so intensiv, dass ich mit einem verhaltenen Lustschrei meine erlösende Explosion genieße und sofort spüre, wie mein Liebessaft über deine Finger nach außen fließt. Noch vollkommen überwältigt ziehst du mich lachend aus der Nische und meinst bloß: „Ich freue mich schon auf eine Fortsetzung, meine Liebesgöttin." Du übernimmst das Steuer, weil ich noch ein wenig konfus vor mich hin schmunzle, ganz aufgewühlt von der kleinen köstlichen Einstimmung, die ich gerade erlebt habe.

Bevor wir jedoch unsere wunderbare Vertiefung in einer lustvollen Nacht erleben können, verbringen wir mit unseren beiden Gästen einen sehr anregenden und gemütlichen Abend, an dem Kurt uns schon einen kleinen Einblick in seine Möglichkeiten der erotischen Küche gibt. In dem Essen muss tatsächlich etwas lustvoll

Anregendes enthalten sein, weil ich zwischendurch ziemlich heftigen erotischen Fantasien erliege - meine Lust von zuvor hat sich ebenfalls nie ganz beruhigt. Auch Helena scheint immer offener und ungehemmter zu werden. So ergreifen wir beiden Frauen sehr bald die Initiative, unsere Männer in die Schlafräume zu *ver-führen.* Jede von uns beiden beherrscht dieses Spiel auf andere Weise und unsere Männer genießen unsere weiblichen Verführungskünste.
Ich erlebe kurz darauf eine weitere himmlische Vereinigung mit meinem Geliebten und glaube auch Helena in dieser Nacht zwischendurch lustvoll stöhnen gehört zu haben.

Kurts Komposition hat seine Wirkung nicht verfehlt.

Den nächsten Tag verbringen wir gemütlich am Strand und erfreuen uns an unserem Beisammensein zu viert. Bis auf eine kurze Unterbrechung, in der ich einen unserer neu angemeldeten Workshopteilnehmer - einen Engländer, der mit seinem Lebensgefährten kommen möchte - zu einem Vorgespräch treffe, erleben wir einen Tag voller Harmonie und Erholung.

Bereits am nächsten Tag, am Sonntag, eröffnen Isaias und ich um 18 Uhr den Workshop - kurz vor dem von Kurt zubereiteten *Erotic-Sensual-*

Love-Dinner - in unglaublicher Gelöstheit und freudvoller Leichtigkeit. Nach dieser einen Stunde unserer Eröffnungsrunde und einer Einstimmungsmeditation herrscht bereits eine ausgelassene Atmosphäre unter den Anwesenden, die sich alle sehr auf dieses angekündigte Meisterwerk aus der Küche freuen.
Kurt hat in der Küche tatsächlich ein *Wundermenü* gezaubert.

Unsere Kursteilnehmer und -teilnehmerinnen sind nicht nur von dem Essen selbst überwältigt, sondern haben vielfach tatsächlich schon am Montagmorgen bei unserer Eröffnungsrunde einige wundersame Geschichten von ihrer letzten Nacht zu erzählen. Dieses *Erotic-Sensual-Love-Menu* hat anscheinend bei einigen Paaren so manche erste Wunder bewirkt.
Welch ein fantastischer Einstieg in unsere gemeinsamen vier Tage, die sich auf vielen Ebenen tatsächlich magisch und lustvoll entfalten und uns allen eine tiefere Sensibilisierung eröffnen, sowie einige in ein Gefühl der All-Einheit mit allen Anwesenden führen.
Kurt und Helena scheinen in diesen Tagen auf eine vertiefende Weise zueinanderzufinden und eine innigere Verbundenheit zu erleben. Es fühlt sich für mich fast so an, als würden sie nach knapp 13 Jahren in ihrer Beziehung so etwas wie einen *neuen Honeymoon* erleben. Kurt wird

in dieser Zeit viel präsenter, so wie ich ihn in seiner eher unruhigen Art noch nie zuvor wahrgenommen habe, und Helena bekommt sowohl sanftere Gesichtszüge als auch eine wesentlich weichere Ausstrahlung. Außerdem scheinen sie sich in unserem Haus immer wieder intensiv ihrer Lust und Sinnlichkeit hinzugeben. Mein Geliebter und ich erfahren tagtäglich etwas Neues - jeder Tag zeigt uns seine Vielfalt an Möglichkeiten auf. Schon im Vermitteln einfacher Achtsamkeits- und Sinnlichkeitsübungen, die oftmals aus dem Moment neue Perspektiven der Entfaltung eröffnen, gelingt es uns selbst, in dieses Feld transformierender Energien tief einzutauchen.
So kommt unser Workshop - nach einem unerwarteten Zwischenfall mit unserem homosexuellen Männerpaar James und David am vorletzten Tag - zu einem wunderschönen harmonischen Abschluss.

Ich bin fasziniert, was ich mir davon an Erfahrungen mitnehmen darf, vor allem die Erkenntnis, wie fließend ich tatsächlich in das Englische eintauchen konnte. Besonders dankbar bin ich für wunderbare neue Erfahrungen durch meinen intensiven Austausch mit den homosexuellen Paaren. Vor allem mein Gespräch mit James, welches ich vor Workshopbeginn mit ihm geführt habe, hat mir neue oder eigentlich erstmalige wirkliche Einblicke in die vielfältige Sexualität und

sinnlichen Bedürfnisse männlicher Partner gegeben. Unser wahrlich offenes Gespräch hat mich sehr erfreut, weil es vor allem mir als Frau nun ein tiefes Verständnis und noch mehr empathisches Einfühlungsvermögen für homosexuelle Männerpaare ermöglicht.
Auch von den lesbischen Frauen konnte ich in diesen Tagen einiges Neues erfahren, obwohl ich mich in deren gelebte Sexualität schon zuvor viel besser einfühlen konnte, zumal ich selbst vor vielen Jahren eine minimale Erfahrung auf dieser Ebene gemacht habe. Meine Erinnerungen schweifen zurück in die Vergangenheit:

>>Damals hatte ich eine Schweizerin - eine Kollegin aus meiner Tanztheatergruppe - bei mir zu Besuch, die mich in ihrer Körperästhetik sehr angezogen hatte. Sie hatte nach einer 15 Jahre dauernden Beziehung erkannt, sich eher von Frauen als von Männern angezogen zu fühlen. Irgendwie war ich schon für längere Zeit neugierig darauf gewesen, eine sexuelle Erfahrung mit einer Frau zu machen. Immer wieder hatte ich eine gewisse Anziehung zu unterschiedlichen Frauen gespürt. So hatte es sich eines Tages ergeben, dass Margot mir näher kam - wir küssten einander, berührten und streichelten unsere Brüste und letztendlich begann sie auch meine Vagina zu berühren, sowohl mit ihren Fingern als auch mit ihrer Zunge. Einerseits empfand ich dabei ein

lustvolles Gefühl und kam auch zu sanften Orgasmen, andererseits war mir unverzüglich klar, dass ein Erlebnis dieser Art für mich nur unbefriedigend sein konnte. Es war einfach unmöglich in einer Begegnung mit einer Frau, den für mich absolut wichtigsten Aspekt beim Sex erfahren zu können. Ich war schon immer eine der wenigen Frauen, die die klitorale Stimulierung um vieles weniger erfüllend erlebte als meine unglaublich ekstatischen vaginalen Orgasmen. Meine Lust war somit durch unsere *kleines Spielchen* angereizt und dennoch für mich einfach nicht zu einem erfüllenden Abschluss zu bringen. Daher erlebten wir beide ein eher unbefriedigendes Beisammensein - ich hatte aus meiner Sicht bloß ein Vorspiel erlebt, aus dem ich nun mit unerfüllter intensiver Lust zurückgelassen wurde und Margot hatte gar keine sexuelle Erfüllung erleben können. Mir ist an diesem Tag auch ganz klar geworden, keine Vagina sexuell berühren, geschweige denn befriedigen zu wollen. Wie viel lieber ich in diesem Moment einen wunderbar erigierten Penis in meinen Händen, meinem Mund und zum krönend erfüllenden Abschluss ganz tief in meiner Vagina erlebt hätte! Glücklicherweise schafften wir es dennoch, uns auf respektvolle Art zu verabschieden, ohne einen bitteren Nachgeschmack aus diesem Erlebnis mitzunehmen. Dennoch war es damals unsere letzte Begegnung - es sollte zu keiner weiteren mehr kommen. Ich habe sie interessanterweise danach nie wieder getroffen.<<

Allerdings kann ich behaupten, dass ich sehr dankbar für meine Erfahrung mit Margot war, weil diese mir in Bezug auf meine sexuellen Bedürfnisse vollkommene Klarheit gebracht hat - ich war und bin eindeutig keine bisexuelle Frau.

Hier bei unserem Workshop wurde ich nun erstmals wirklich intensiv und direkt mit homosexuellen Menschen konfrontiert. Es war anfangs eine gewisse Herausforderung für die anderen Anwesenden, weil von uns Toleranz und Wertschätzung auf allen Linien gefordert wurde.
Somit bin ich auch unglaublich erleichtert, dass diese vier Tage vermutlich einige Vorurteile ausräumen konnten. Auch jenen wenigen heterosexuellen Paaren, die der anderen geschlechtlichen Orientierung offensichtlich anfangs noch mit Skepsis gegenübergestanden sind (ich konnte es an manchen Blicken und subtilen Bemerkungen wahrnehmen), ermöglichte unsere gemeinsame Zeit letztendlich eine vollkommene Offenheit und respektvolle Herzlichkeit. Im Laufe der Tage verschwammen tatsächlich alle Grenzen. Wir beobachteten einen achtsamen und liebevollen Umgang zwischen allen Teilnehmern und Teilnehmerinnen.

Wie wertvoll doch solche Verwandlungen der Wahrnehmung sein können.

Letztendlich beenden wir diesen Workshop mit großer Erleichterung und unglaublicher menschlicher Bereicherung und genießen danach einen gemütlichen Abend - den letzten von Kurt und Helena auf Mallorca - mit unseren beiden Freunden. Nach diesen vier außergewöhnlich sinnlichen Tagen endet auch dieser Abend mit einem baldigen Rückzug, den mein Liebster und ich dazu nützen, einen Strandspaziergang zu machen, um den beiden ein wenig mehr akustische Freiheit zu gestatten. Auch wenn ich selbst eigentlich immer meiner Lust lautstark Ausdruck verleihe, weiß ich doch, wie so manch andere Frauen in nicht vertrauter Umgebung eher verhalten sind. Wir kommen nach etwas mehr als einer Stunde, die wir selbst mit viel zärtlicher Sinnlichkeit am Meer verbracht haben, zurück, und haben das Gefühl, in ein Feld harmonischer Stille einzutauchen. Das nehmen wir zum Anlass, uns ein herrlich duftendes Schaumbad einzulassen, um danach entspannt vom warmen Wasser und unserer friedvollen sinnlichen Stimmung in einer ganz in uns ruhenden Vereinigung zu verschmelzen, die uns in dieser Position langsam in den Schlaf gleiten lässt.
Den folgenden Tag beginnen wir recht spät mit einem gemütlichen Brunch und dem Gefühl tiefer Zufriedenheit. Wir reflektieren und

genießen die letzten gemeinsamen Stunden vor der Heimreise unserer Freunde. Kurt und Helena werden im nächsten Frühsommer auf der Insel eine Qigongwoche anbieten, für die sie in diesen Tagen einige Interessenten gewonnen haben. Auch ihr nächster Wochenend-Workshop am Wolfgangsee in Österreich im kommenden Oktober hat zwei der anwesenden Paare, die jeweils aus München und aus dem Salzkammergut zu uns gekommen sind, inspiriert, sich dafür anzumelden. Ich selbst habe durch die Morgeneinheiten der beiden für mich ebenfalls wieder mehr Inspiration gewonnen, zusätzlich zu meiner Yogapraxis vermehrt Qigong zu üben. So war unsere gemeinsame Zeit nicht nur für uns privat eine Freude, sondern auch in beruflicher Hinsicht für uns alle erfolgreich.
Am späten Nachmittag führen wir die beiden zum Flughafen und lassen unseren Abend noch gemütlich in der *Mood Beach Bar* mit einem herrlichen Dinner mit Blick auf das Meer ausklingen.

Schon knappe zwei Wochen später erhalte ich von Kurt eine längere E-Mail:

Liebste Magdalena,
du weißt ja, dass ich im Gegensatz zu dir nicht so der Meister der geschriebenen Worte bin, außerdem ist Briefeschreiben ja heute ganz aus der Mode gekommen - obwohl: in meiner

Jugend war ich ein leidenschaftlicher Briefschreiber - was habe ich Briefe geschrieben - seitenweise. Heute schreibt man ja alles nur mehr kurz per E-Mail.

‚Das ist genau der Grund, mein lieber Freund, warum ich die Menschen bitte, mir, beziehungsweise uns, Briefe zu schreiben - es verbindet sie wieder mehr mit der Sprache ihres Herzens.‘ In Gedanken an Kurt muss ich ein wenig schmunzeln und lese weiter…

Hier bei uns ist immer so viel los - echt unglaublich der Stress, den meine Kundinnen und Kunden machen, und dann habe ich jetzt zusätzlich mit den 100.000 buddhistischen Niederwerfungen begonnen, bei denen ich mir auch gleich mein Handgelenk gezerrt habe und jetzt leider eine Zwangspause einlegen muss.
Aber dadurch habe ich endlich eine Zeitlücke gefunden, um dir das zu schreiben, was mir schon die ganze letzte Woche ein Bedürfnis war, weil dir ja die Rückmeldungen deiner Kursteilnehmer am Herzen liegen - und ich war ja einer von ihnen.
Also etwas ganz Schönes ist bei uns tatsächlich eingetreten:
Du weißt doch, dass Helena mich schon ein paar Mal ziemlich verletzt hat und ich meine Eifersucht auch nicht so leicht unter Kontrolle bringen konnte, obwohl wir irgendwie immer wieder durch unsere Krisen gut

durchgekommen sind. Seit wir allerdings bei euch waren, ist da ein ganz neues Gefühl in mir entstanden. Einerseits bin ich mir meiner männlichen und damit auch männlich sexuellen Kraft viel bewusster (jetzt hätte ich keine Angst mehr, einem so lustvollen, fordernden Weib wie dir nicht genügen zu können - meine Güte, haben mich deine Anforderungen schon beim Zuhören deiner Geschichten immer verunsichert) und andererseits habe ich das Gefühl, so gar keine Angst mehr zu haben, von Helena betrogen zu werden. Es ist, als wäre unsere Beziehung in eine neue Ebene von Verstehen und Vertrauen, aber vor allem auch der Hingabe von Helena und meiner Sicherheit als Mann an ihrer Seite eingetreten. Wir haben inzwischen beschlossen, jede Woche bewusst einen *sinnlich-erotischen Abend* für uns zu gestalten und haben auch gleich in der Woche nach unserer Rückkehr damit begonnen.

Es war ein unglaubliches Erlebnis, das wir in dieser Nacht hatten. Ich habe uns ein köstliches *Sensual-Love-Menu* zubereitet, während Helena den Liebesraum für uns gerichtet hat - mit Matratzen und vielen Polstern am Boden - mit Kerzenlicht, Räucherstäbchen und Blumendekoration. Um den Platz hat sie eine Art Schutzkreis aus Kristallen, wie wir es bei euch in der Gruppe gemacht haben, errichtet, und diesen Raum für unser Liebesritual gesegnet. Als ich dann mit dem ersten Gang unseres Essens, das wir mit unseren Händen einnehmen wollten, gekommen war, wartete auf mich tatsächlich eine Göttin - sie erschien mir unglaublich schön in ihrer erotischen Wäsche und dem transparenten Kimono, den sie leicht geöffnet hatte. Wir wollten uns als König und Königin begegnen, als Gott und Göttin - und tatsächlich sah ich sie schon beim Betreten des Raumes als solche - ein unglaublich erotischer Moment für mich, meine Frau nach so vielen Jahren mit ganz neuen Augen zu erleben. Ich sah sie und mein Herz ging auf - natürlich auch mein Penis ;-), wie du dir denken kannst.

So begann es schon vor dem Essen unglaublich zu knistern, und wir genossen dieses lustvolle Mahl bei ruhiger, stimmungsvoller Musik. Während des gesamten Essens konnte ich meinen Blick nicht von ihr wenden und auch ihr Blick war erfüllt von sinnlicher Lust, aber auch von weicher Weiblichkeit und zärtlicher Liebe, etwas, was ich bei ihr noch nie in dieser Form erlebt und mir so oft gewünscht habe. Jetzt, wo ich es schon lange nicht mehr erwartet hatte, war es plötzlich da. Mein Herz pochte und ich wollte ihr nur mehr ganz nahe sein. In Anbetracht unserer großen Lust aufeinander beschloss ich, den Hauptgang für den nächsten Tag auf die Seite zu geben und holte nur mehr unser vielfältiges Dessert, das wir uns gegenseitig mit verbundenen Augen in den Mund führen wollten, um ein sinnliches Erleben dieser Art zu haben - nämlich beide mit verbundenen Augen - das habe ich noch nie vorher gemacht. Du? Ich kam wieder aus der Küche zurück und meine Königin lag schon da, mit Augenbinde, abgestreiftem Kimono und leicht geöffneten Beinen - oh mein Gott, war das eine pure Verführung - wie ich mich beherrschen musste, kannst du dir denken. So näherte ich mich ihr, führte ihre Hände über die Dessertplatte und verband mir meinerseits die Augen, nicht ohne einen Blick zwischen ihre Beine zu werfen, wo mich schon durch ihren transparenten Spitzentanga zwei feuchte, angeschwollene Schamlippen und eine sichtbar sehr empfängliche Klitoris anlachten. Am liebsten hätte ich sie gleich zum Dessert vernascht, aber ich wollte uns ja den süßen Genuss nicht nehmen. Und das war gut so, denn was danach folgte, war ein wirkliches Eintauchen mit allen Sinnen - außer dem, zu sehen - und das ist tatsächlich eine Wahnsinnserfahrung geworden. Ich habe meine Göttin neu erforscht, ihre Haut, ihre Lippen, ihre Brüste - all das garniert und untermalt mit exotischen Geschmäckern, und letztendlich ihre vor Lust pulsierende Yoni. Auch Helena berührte mich auf eine vollkommen neue Weise - zärtlich und doch lustvoll erforschend, sodass ich manchmal das Gefühl hatte, mein Lingam müsse jeden Moment zerbersten. Er tat es nicht - immer wieder konnte ich die Energie nach innen lenken, während Helena - ganz überraschend - anscheinend auch nach dem ersten Orgasmus noch Sehnsucht nach mehr hatte. Das war für ihre Verhältnisse etwas eher Seltenes. Ich blieb immer in der Präsenz des Moments und genoss einfach das Erleben unserer Körper in der Dunkelheit, bis ich ganz tief und langsam in sie eindrang, meine Augenbinde abstreifte und diese lustvolle Frau unter mir betrachtete, die sich nun mir entgegen wölbte und nur mehr von mir genommen werden wollte. Bevor ich intensiver zu stoßen begann, nahm ich auch ihre Augenbinde ab und sah in ihre tränenfeuchten, hingebungsvollen Augen, die mich so in Liebe anblickten, dass ich mich erstmals in unserer langen Beziehung vollkommen von ihr als Mann wahrgenommen erlebte. Wir gerieten in einen Rausch sinnlicher Ekstase und ich fühlte mich wirklich wie ein Gott in meiner männlich starken Libido und Kraft. Es war ein berauschender Abend - nicht nur wegen des exquisiten Champagners, den wir natürlich auch - zuerst aus Gläsern - tranken und danach von unseren Körpern leckten. So meine liebe Freundin - jetzt kann ich langsam mehr von dem erahnen, was du mir immer wieder in deinen unglaublichen Geschichten erzählt hast. Und ich habe plötzlich kein Gefühl von Eifersucht mehr in mir.

Und außerdem wollte ich dir noch sagen, wie froh ich bin, dass tatsächlich der Mann an deiner Seite keine Gefährdung für unsere Freundschaft geworden ist - das hat mir schon ein wenig Angst gemacht hat. Übrigens ist Isaias echt ein toller Mann - wir verstehen uns prächtig und ich bin froh, dass du endlich einen solchen Mann, der deinen wunderbaren Wert als Frau schätzen kann und dich nicht benützt, in dein Leben gezogen hast. Es war ja endlich an der Zeit, die alten Geschichten ganz gehen zu lassen.

Puh, das war eine ausführliche Mail - und übrigens, bist du wohl brav am Schreiben? Wann gibt es ein neues Buch zu verlegen? Deine Leserinnen und Leser warten schon gespannt darauf. Wie sieht es mit deinem *Erotischen Liebesmärchen* aus, von dem du mir einmal erzählt hast…?

Ich schicke dir einen Kuss und eine Umarmung!
Dein Freund Kurt - für immer

Meine Güte, wie schön es ist, diese Zeilen zu lesen - Kurt habe ich Vieles zu verdanken - er ist ein wirklich wichtiger Freund, der genau zum richtigen Zeitpunkt in meinem Leben aufgetaucht ist. Außerdem bin ich richtig glücklich, dass die beiden Männer sich trotz ihrer Unterschiedlichkeit außergewöhnlich gut verstehen.

Während ich noch vor mich hin schmunzle und die Zeilen auf mich wirken lasse, trittst du vorsichtig und achtsam zu mir, streifst mit deiner Hand über mein Haar und schenkst mir dieses umwerfende Lächeln, das all deine tiefe Liebe zu mir zum Ausdruck bringt.

Endlich kann ich mich um meiner selbst willen und wahrhaftig geliebt fühlen...

David und James

Unser erstes *schwules Teilnehmer-Paar* - ich habe sie gefragt, ob diese Bezeichnung als Abwertung erlebt wird und ein klares *Nein* als Antwort bekommen - waren bei diesem letzten Workshop David und James aus Brighton. Die beiden machten gerade drei Wochen Urlaub auf der Insel und fanden in einem Restaurant unsere Flyer. Somit kamen sie als letztes angemeldetes Paar zu unserem Workshop dazu und konnten damit den Platz eines Paares einnehmen, das uns zwei Tage zuvor abgesagt hatte. Für mich war das insofern eine Herausforderung, als ich natürlich nicht wirklich eine Ahnung von der gelebten Sexualität von Männerpaaren hatte. In Frauenpaare kann ich mich sehr leicht hineinversetzen, weswegen mich deren Anmeldungen weniger irritiert haben. Als ich Isaias fragte, was er über männliche Sexualität von homosexuellen Paaren wusste, musste auch er zugeben, sich mit diesem Thema bisher nicht ausführlich auseinandergesetzt zu haben. Allerdings meinte er, ganz offen zu sein für alles, was da kommen mag. Auch Kurt und Helena waren keine Details über deren Sexualität bekannt - so wie ich vermuteten auch sie, dass es sich überwiegend im Bereich von Analsex abspiele. Mich ließ das Ganze aber nicht zur Ruhe kommen, abgesehen davon, dass ich mich schon längere Zeit für diese Thematik interessierte, speziell seit dem Moment, als ich Conchita Wurst - alias Thomas „Tom" Neuwirth - als Siegerin des *Europäischen Songcontests* erlebt und mir damals einige Interviews angehört hatte, um den Menschen dahinter kennenzulernen und zu verstehen. Ich muss sagen, dieser junge Mensch mit seinem unglaublichen Mut und offensichtlicher Bewusstheit hat mich sehr berührt. Ich war fasziniert, mit welcher Selbstverständlichkeit sich Conchita präsentierte - als wunderschönes weibliches Wesen mit Vollbart - sie trat nicht als Transsexuelle auf, sondern als *Kunstfigur*, wie sie meinte. Sie hat damit sicherlich nicht nur in Europa die Menschen aufgewühlt und polarisiert. Dennoch hatte sie es damals offensichtlich mit ihrem Auftreten ein wenig geschafft, einige Vorurteile auszuräumen. Wie sie richtig meinte: *„Vor allem der Bart ist ein Mittel für mich, zu polarisieren, auf mich aufmerksam zu machen. Die Welt reagiert auf eine Frau mit Haaren im Gesicht. Was ich mir wünsche, wäre, dass sich die Leute ausgehend von meiner ungewöhnlichen Erscheinung, Gedanken machen - über sexuelle Orientierung,*

aber genauso über das Anderssein an sich. Manchmal muss man den Menschen einfach und plakativ klarmachen, worum es geht.“ (siehe Wikipedia)
Ein wahrlich mutiger Mensch, der viele Gemüter bewegt hat. Ich fand ihren Sieg sehr wegweisend in eine hoffentlich tolerantere und offenere Menschlichkeit.

Also beschloss ich, mich vor unserem Workshop bei den beiden neuen Teilnehmern informieren zu wollen, speziell darüber, in welcher Form sie ihre Sexualität auslebten. Daher rief ich James an, der mir seine Nummer hinterlassen hatte und bat ihn, mir nähere Informationen zu geben, falls er dazu bereit wäre - wir waren uns eigentlich schon bei der persönlichen Anmeldung am Tag zuvor sehr sympathisch. Er stimmte spontan zu, meinte aber, dass sein Partner nicht mitkommen werde - wir trafen uns eine Stunde später für einen Strandspaziergang in einer ruhigen Gegend, um offen über dieses Thema sprechen zu können. Ein wenig war ich noch verunsichert, wie direkt ich es angehen konnte, dachte mir aber, es wäre vermutlich in Ordnung, sehr klar auszusprechen, worum es mir ginge. Vor allem in Hinsicht auf meinen Wunsch, Menschen jeglicher sexueller Orientierung in eine tiefergehende sexuelle Begegnungsmöglichkeit zu begleiten, war es mir sehr wichtig, ganz offen meine intimen Fragen stellen zu können. James war ebenfalls sofort bereit, ehrlich über seine eigenen Bedürfnisse zu sprechen, aber auch allgemein über die männlich-homosexuelle Sexualität. Er war auch derjenige, der seinen Partner fast ein wenig genötigt hatte - wie er meinte - bei unseren vier Tagen teilzunehmen. Der Grund ihres Urlaubs diente in erster Linie dem Zweck herauszufinden, ob sie es schaffen könnten, zusammen zu bleiben oder sich doch zu trennen. Eigentlich war James sehr froh darüber, mit mir dieses Gespräch zu führen, weil er ohnedies Probleme gehabt hätte, vor der Gruppe die Hintergründe offenlegen zu können.

Ich bat ihn einfach zu erzählen, was er sehr unbefangen tat:
„Weißt du, ich habe schon als Kind wahrgenommen, dass ich mich nur für andere Jungen interessierte - vor allem für ihre Füße, was tatsächlich später mein Fetisch wurde. Meine Position in einer Begegnung mit einem Mann ist eine devote, weshalb ich es mag, die Füße des anderen zu verwöhnen, sie zu streicheln, zu lecken und darauf zu ejakulieren. Allerdings ist es mir ganz wichtig, das nur mit einem ästhetisch schlanken und am liebsten jungen Mann zu erleben, der ausgesprochen gepflegte Füße haben soll. Meine Füße berühren zu lassen bereitet mir keine Lust. Das Problem, das ich jetzt aber in unserer Beziehung habe, ist, dass mein Partner eine ganz andere Ausrichtung hat und mich bloß

anfangs meine Bedürfnisse bei ihm ausleben ließ, dabei aber überhaupt kein Lustempfinden hatte, was dazu führte, keine Sexualität mehr zu haben - das nun bereits seit knapp neun Jahren. Er selbst ist ein *Dom* (dominanter Partner in der Sexualität), der etwas total Anderes leben will, dem ich mich aber wiederum nicht zur Verfügung stellen kann. Das hat dazu geführt, dass ich mich anderweitig umgesehen habe. So lebe ich manches Mal meine Bedürfnisse in einer Fetischgruppe aus oder versuche Kontakte in Internetforen aufzunehmen. Vor allem erkenne ich aber, dass ein Fetisch, den man hat, einen selbst irgendwie in den Randbereich drängt, weil es schwierig ist, damit auch auf die möglicherweise völlig anderen Bedürfnisse des Partners einzugehen."

Ganz unschuldig frage ich ihn:

„Und wie sieht es mit der Analpenetration im männlichen Sexualverhalten aus - ist das nicht die Form, mit der ihr als schwules Paare Eure Sexualität lebt?"

Seine erstaunte Antwort:

„Nein, gar nicht, ich habe mich noch nie von einem Partner penetrieren lassen und ich selbst habe es nur getan, wenn es der andere als *Gegenleistung* haben wollte - ich selbst empfinde dabei gar keine Lust, ganz im Gegenteil, und mit David war das nie ein Thema. Ich weiß, dass es von einigen anderen Männern schon auch so gelebt wird, aber durchaus nicht notwendigerweise als normale sexuelle Begegnung. Manche finden das richtig geil, vor allem die Möglichkeit, beide Positionen im Sex erleben zu können - die, genommen zu werden und die andere einfach zu penetrieren. Man nennt das in unserer Sprache *„Top und Bottom oder Switch"* - wir können uns unterwerfen oder selbst eindringen, aber auch wechseln. Das macht den Unterschied zum Sex zwischen Mann und Frau aus - da gibt es nur eine Variante. Ich erkenne immer wieder, wie viele unterschiedliche Vorstellungen die verschiedenen schwulen Männer beim Sex haben. Aber mir selbst macht Analsex eigentlich nur Angst - vor allem Angst, angesteckt zu werden, und diese Angst macht ja nicht nur meinen Körper, sondern womöglich auch meine Seele krank. Irgendwie würde ich es ja schon gerne zulassen, aber…"

Nun war ich tatsächlich ziemlich verblüfft, während ich in die Augen eines sehr verunsicherten Mannes blickte. Auf meine Frage, warum er es dann nicht zulassen wollte, antwortete er mir unglaublich selbstreflektierend:

„Ich vermute ehrlich gesagt, dass ich bei dieser Nähe entweder meine eigenen Gefühle wahrzunehmen beginne oder mit denen des anderen konfrontiert werde, und das macht mir ebenfalls große Angst. Aber ich habe auch Angst davor, dass meine Seele krank wird, wenn ich es mir nie erlaube, Gefühle zu spüren. Ich weiß, wie notwendig es für mich wäre, eine

Veränderung zuzulassen."

Also schienen seine nicht wahrnehmbaren Gefühle für ihn das Hindernis zu sein, sich tiefer in eine Begegnung einzulassen. Ich fragte dann noch, warum er mit seinem Partner eigentlich zu uns kommen wollte, wo er sicher gelesen haben muss, welches Thema für diese Tage ausgeschrieben war - *Von Sex zu wahrer Erotik und gelebter sinnlicher Vereinigung.* Dieser Inhalt widersprach meines Erachtens seinen soeben gemachten Ausführungen. Nun hatte ich anscheinend den Punkt getroffen - Tränen kamen in seine Augen und er meinte, dass es genau diese Erkenntnis sei, die ihn so sehr belastete und vermutlich der Grund für seine zeitweiligen Herzattacken sein musste. Sein Gefühl habe ihn dazu gebracht, David zu überreden, es einfach zu versuchen, auf diese Weise die Beziehung zu retten. Er meinte auch, dass David in der Gruppe sicher nicht bereit wäre, über ihre Beziehung zu sprechen, und auch er selbst lieber keine Details preisgeben möchte. Sie selbst hatten in all den Jahren noch nie über ihre Sexualität miteinander kommuniziert. Offensichtlich hatte ich intuitiv die richtige Entscheidung getroffen, mich im Vorfeld mit James zu treffen. Ich dankte ihm für seine Offenheit und sein Vertrauen, mit mir diese Dinge zu teilen und verabschiedete mich sehr berührt von diesem Menschen, der eine offenbar große Sehnsucht nach mehr körperlicher Nähe verspürte und sich bloß

durch seine tiefsitzende Angst vor echten Gefühlen genau davor zu fürchten schien.
Wir verabschiedeten uns nach einer knappen Stunde voneinander und mir war klar, dass es nun ein spannendes Abenteuer werden würde, was unsere vier Tage bei diesen beiden Männern bewegen könnten.

Etwas aufgewühlt kam ich nach Hause zurück und hatte das Gefühl, mit Isaias unbedingt sofort reden zu wollen. Ich war froh, dass Kurt und Helena gerade ausgegangen waren und ich meinem geliebten Mann mein Herz ausschütten konnte. Ich hätte mir sehr gewünscht, James helfen zu können. Isaias meinte mit einer Selbstverständlichkeit, dass es kein Zufall gewesen sei, dass genau dieser Platz für die beiden frei geworden war und sich vermutlich einiges verändern werde - in welche Richtung auch immer. Wir konnten nicht wissen, was für die beiden das Richtige sein würde. Wie immer fand er unverzüglich die richtigen Worte, damit ich mich beruhigen und erleichtert mit ihm in unsere gemeinsamen vier Tage gehen konnte. Ich begann mir nun intensive Gedanken darüber zu machen, wie es auch mir als Frau möglich sein könnte, einem schwulen Paar eine kraftvolle und weiterführende Hilfestellung zu geben. Unvermittelt bekam ich einige Impulse, die ich sofort niederschrieb und mit Isaias durchging - ja, wir werden auch diesen beiden Männern eine Möglichkeit für Veränderung

anbieten. Isaias ist mir wahrhaft ein wertvoller Begleiter in unserer gemeinsamen Arbeit.
‚Welch einen außergewöhnlichen Mann ich doch habe!'

Interessanterweise aktivierte James´ Offenlegung bei mir einen sehr unangenehmen Traum, der mir offensichtlich etwas Tiefliegendes aufzeigen wollte. Isaias weckte mich auf, weil ich im Traum ganz aufgeregt und angsterfüllt geredet hatte - er half mir sehr bei der Verarbeitung des Erlebten und holte mich unverzüglich über die Methode der *Quanten-Intelligenz* (die ich von *Klaus Medicus*, dem Begründer, selbst gelernt hatte, und der mir ein wichtiger Wegweiser geworden war) in das Feld der leuchtenden Augen, wie es dort heißt. So konnte ich nach knapp einer halben Stunde wieder gut und erholsam weiter schlafen.

Am Morgen fühlte ich mich viel energiegeladener als noch wenige Stunden zuvor. Als wir bei mir den Muskeltest mit jener neuen Überzeugung, die ich heute Nacht zulassen konnte, erneut machten, war er sehr kraftvoll und klar. Ich selbst hatte damit einen alten Glaubenssatz verwandeln können. Ich bin erleichtert, eine so einfache Möglichkeit unmittelbar nutzen zu können und konnte damit in dieser Situation meine Wahrnehmung unmittelbar verändern.

So konnte ich guter Dinge an diesem Tag mit Isaias unseren Workshop eröffnen, mit jenem von Kurt wunderbar zubereiteten *Erotic-Sensual-Love-Dinner,* von dem alle Anwesenden in mehrfacher Hinsicht sehr beeindruckt und angeregt waren.
Bei David löste dieser kulinarische Einstieg zumindest eine größere Offenheit unserer Arbeit gegenüber aus - er war ein großer Gourmet und restlos von Kurts Menü angetan. Ich sah ihn sogar in manchen Momenten liebevoll zu James blicken, ganz anders, als es sich in unserer Eröffnungsrunde und der Erstmeditation, bei der er mit offenen Augen und versteinertem Blick dasaß, gezeigt hatte.
Wir erklärten den beiden Männern nach unserer Eröffnung in einem dezenten Augenblick, dass es nichts bei uns gäbe, bei dem sie mitmachen müssten - sie hätten jederzeit die freie Wahl, hinauszugehen oder sogar abzubrechen, mit der Option, den Kursbeitrag zurückerstattet zu bekommen. Zumindest in Davids Augen sah ich große Erleichterung aufleuchten, während dieses Angebot bei James anscheinend ein wenig die Angst aktivierte, von David möglicherweise zum Aufgeben aufgefordert zu werden.
Das Gegenteil trat ein - die beiden Männer ließen sich beinahe auf alle Übungen und Vorschläge, die wir machten, ein und wurden beide im Laufe der Tage freier und wacher in ihrem Ausdruck.

Eine Übung, die wir für die Paare vorschlugen war eine tiefe Atemübung, die zuerst alleine gemacht wurde, indem man die eine Hand auf die Vulva oder den Penis legt und die andere aufs Herzzentrum, um im Kreisatem die Energien lenken zu lernen. Im nächsten Schritt baten wir die Paare, beim Partner oder der Partnerin die Hände aufzulegen und über den eigenen inneren Atemkreis das Gegenüber mit einzubeziehen. Im letzten Schritt sollten sie sich gegenseitig die Hände auflegen. Das Ganze geschah einander gegenübersitzend - im Schneidersitz oder noch besser im Grätschsitz. Durch die Verbindung ihrer Hände zum anderen Körper sollten sie in die Atmung eintauchen, um über einen gemeinsamen Atemrhythmus in eine Kreisatmung durch beide Körper zu kommen. David ließ sich anfangs sehr widerwillig auf dieses Experiment ein und James schien Angst vor der intimen Nähe zu bekommen. Erst als Isaias sich ganz nahe zu ihnen setzte, ließen sie es zu. Tatsächlich geschah es, dass James unvermittelt in Tränen ausbrach, was David total schockierte und ihn dazu veranlasste, sich von ihm abzuwenden, als wäre nichts geschehen. Isaias legte seine beiden Hände auf James′ Herzchakra, um ihn zu beruhigen. Dieser begann nun noch heftiger in Tränen auszubrechen und verzweifelt um sich zu blicken. Isaias erkannte sofort die Notwendigkeit, mit ihm den Raum zu verlassen, während ich mich voll und ganz auf die anderen

Paare konzentrierte. Mein Mann kam erst nach 20 Minuten wieder, weil James nur sehr schwer zur Ruhe kam und sich für den Rest des Nachmittags in ein Zimmer, in das ihn Isaias geführt hatte, legte. David beschloss aus dieser Situation heraus, den Nachmittag für sich zu nutzen und ging mountainbiken, um sich selbst zu beschäftigen und nachzudenken, wie er meinte. Als Isaias in einer Pause in James′ Zimmer ging, war dieser tief eingeschlafen und wachte erst kurz vor Ende unserer Nachmittagseinheit wieder auf. Er schien danach vollkommen durcheinander zu sein und beschloss ins Hotel zu gehen, um das Geschehene besser verarbeiten zu können. Isaias bot ihm ein Einzelcoaching an, welches er dankbar annahm und noch am selben Abend beanspruchen wollte.

Es war uns offensichtlich gut gelungen, die Situation zu balancieren, weil einige Paare nicht einmal wirklich mitbekommen hatten, was geschehen war.

Zwei Stunden nach Abschluss dieses vorletzten Tages kam James zu uns in unser Haus, um dort das Einzelcoaching zu bekommen. Er bat mich, auch dabei zu sein, weil wir beide diejenigen waren, die vor Beginn des Workshops sehr intensiv über seine Situation gesprochen hatten. Sofort erzählte er uns, dass David gar nicht mehr aufgetaucht sei und bloß eine Nachricht im Hotel hinterlassen hatte:

Schatz, ich bin mit dem Mountainbike über die

Insel unterwegs und werde irgendwo eine Kleinigkeit essen - warte nicht auf mich, es könnte spät werden. David
In dem Moment hatte er eine kleine Herzattacke bekommen und sofort eine seiner immer mitgetragenen Pillen eingenommen. Bei uns brach dann all der aufgestaute Schmerz aus ihm heraus und es gelang uns, ihn zumindest für den Moment wieder gut in ein *Heilsein im Jetzt (Quanten-Intelligenz)* zu bringen. Unser Austausch war sehr kraftvoll und gemeinsam konnten wir ihm Zuversicht für eine lust- und liebevolle Zukunft vermitteln. Er schien nach diesen 90 Minuten unseres Coachings um vieles erleichterter zurück ins Hotel zu gehen.
An unserem letzten Tag kamen die beiden nicht mehr. Wir hatten es beinahe vermutet. James kam in der Mittagspause allein vorbei, um sich bei uns zu verabschieden. Er meinte nur, dass David genug hatte und lieber wieder Sport betreiben wollte und, dass auch er vom gestrigen Ereignis noch vollkommen erschöpft war und daher bis 11 Uhr vormittags geschlafen hatte. Er wollte sich bloß bei uns bedanken und es wäre natürlich keine Rückerstattung des eingezahlten Betrages notwendig - er solle uns auch von David liebe Grüße ausrichten.

Wir schlossen diesen Tag noch mit berührenden sensuellen Achtsamkeitsübungen ab, die anschließend in uns selbst an unserem letzten Abend mit Kurt und Helena und vor allem für unsere anschließende Liebesnacht sehr angenehm nachschwingen konnten.

Es war ein sehr gelungener Workshop und doch musste ich in den folgenden Wochen oftmals an James denken. *‚Wie es ihm wohl gerade geht?‘* Immer wieder kam mir zumindest kurz dieser Gedanke an ihn.

Tatsächlich erhalten wir sechs Wochen danach einen Brief von ihm, der nach unserer Rückkehr von unserem inzwischen abgehaltenen Workshop am Bodensee in unserem Postfach liegt. In seinem Brief offenbart er sich genauso direkt, wie er es damals in unserem Gespräch getan hat:

Lieber Isaias, liebe Magdalena,
es hat sich vieles ereignet, nachdem wir bei Euch gewesen sind.
Wir sind schon zwei Tage nach dem Workshop wieder nach Hause geflogen. David hat sich mehr und mehr von mir abgewendet, als ich immer wieder seine Nähe gesucht und mir nach vielen Jahren doch wieder Sex mit ihm gewünscht habe. Ich hatte irgendwann plötzlich das starke Bedürfnis, ihn zu küssen und seinen Körper - nicht nur seine Füße - zu verwöhnen. Das war ihm so zuwider, dass er mich bestrafte - in erster Linie mit Ignoranz, aber auch mit Demütigungen. Ich war zutiefst schockiert und irrte daraufhin irgendwo in der Stadt umher, bis

ich mein Herzrasen spürte und zu wanken begann. Ich wollte nach meinen Tabletten greifen und musste feststellen, dass ich diese offenbar in meiner Enttäuschung zu Hause vergessen hatte. Im nächsten Moment fiel ich und war unfähig aufzustehen. Zuerst wurde ich, auf dem Gehweg liegend, ignoriert - Menschen strömten an mir vorbei und beachteten mich nicht, manche sahen angewidert zu mir herab. Endlich beugte sich ein jüngerer Mann zu mir herunter und fragte mich, was geschehen sei. Ich meinte, ich hätte eine Herzattacke, woraufhin er sofort die Ambulanz verständigte und ich kurze Zeit später im Krankenhaus aufgenommen wurde. Ich rief David an, um zu sagen, dass ich im Krankenhaus sei, woraufhin er meinte, ich solle ihm Bescheid geben, wenn wieder alles vorbei sei und, dass ihm diese Anfälle schon länger auf die Nerven gingen. Ich musste weinen - so verzweifelt fühlte ich mich. Als ich dann nach einer Nacht der Beobachtung wieder entlassen wurde, fand ich in meiner Hosentasche eine Notiz auf einer Visitenkarte:

Melde Dich - damit ich weiß, wie es Dir geht.
Charles

Ein Fremder hatte mehr Mitgefühl mit mir als mein eigener Lebenspartner. Ich rief ihn noch aus dem Taxi an und erzählte ganz kurz von meiner Situation und, dass ich jetzt wieder zu meinem Partner fahren würde. Er sagte mir, wie gerne er mich wieder sehen wollte…

Dann ging alles Schlag auf Schlag. Am nächsten Tag traf ich mich mit diesem schönen jungen Mann namens Charles, der mir mitteilte, er sei seit fünf Monaten Single und hätte sich hier in der Stadt einer *Gay Tantra Group* angeschlossen, wo er viele neue Erfahrungen gemacht hatte. Am selben Abend landeten wir noch miteinander im Bett und er gab sich so ganz meiner *Fußbehandlung* hin, um mich danach in etwas einzuführen, das ich mein ganzes Leben nie erlebt hatte. Er begann meinen gesamten Körper von unten nach oben zu küssen und zu lecken, um mir dann unbeschreiblich achtsam seine Lippen auf die meinen zu legen und mit zärtlichen Zungenspielen zu beginnen. Zuerst erstarrte ich und fühlte erneut diese unbändige Angst in mir. Doch in dem Moment als er eine Hand auf meinen großen harten Schwanz - verzeiht mir meine Ausdrucksweise, Ihr seid da etwas eleganter unterwegs - und die andere auf mein Herz legte, konnte ich loslassen - das habe ich ja bei Euch schon kennengelernt. Er atmete bloß und ich begann mich mehr und mehr zu entspannen, bis mein Körper vor Lust zu beben begann und er, ohne, dass ich es bemerkt hätte, einen Fingerling überstreifte, um mit warmem Öl meine Analöffnung zu massieren. Wieder verkrampfte ich mich - doch wurde meine Lust erneut größer als er nicht aufhörte, immer intensiver und auf ganz spezielle Art und Weise meinen pulsierenden Schwanz zu massieren, und ich merkte, wie sein Prachtstück erigiert hart gegen meine Seite drückte. Plötzlich schien sein Finger in meinen Anus eingedrungen zu sein - ich wollte ihn wegstoßen, doch er begann mich von innen zu massieren, bis ich mich vor Lust nicht mehr halten konnte und einen Orgasmus bekam, wie ich ihn nie zuvor gespürt hatte. In dem Moment nahm er seinen eigenen Schwanz auch in die Hand und kam mit einem heftigen Schwall auf meinem Bauch und Brustkorb. Danach leckte er noch meine Entladung weg, total ohne Ekel vor mir. Ich konnte das alles nicht fassen und es begann mich vor Tränen zu schütteln. Er sagte nichts, nahm mich bloß in den Arm und wartete, bis es vorbei war, ohne mich irgendetwas zu fragen. Als ich zwei Stunden später ging, bat er mich, ihn in zwei Tagen zu der Gruppe zu begleiten. Ich war verwirrt und aufgelöst - es war schon ziemlich spät und David hatte inzwischen vier Mal angerufen. Als ich zu Hause ankam, wollte er wissen, wo ich gewesen sei. Ich erzählte ihm von dem anderen Mann und sah blanke Wut in ihm aufsteigen. Harsch forderte er mich auf, mich vor ihm hinzuknien und ihn um Vergebung zu bitten - dann dürfe ich seine Füße lecken. Ich habe keine Ahnung, was danach wirklich geschah. In meiner Erinnerung sah ich ihn erhobenen Hauptes an, meinte, dass ich mir von ihm gar nichts mehr vorschreiben ließe, ging in den Abstellraum, um meinen Koffer zu holen und packte die wichtigsten Dinge ein.

Unverzüglich verließ ich das Haus, nicht ohne ihm mitzuteilen, ich würde den Rest meiner Sachen im Laufe der nächsten Tage abholen kommen.

Danach überschlugen sich die Ereignisse - ich rief mitten in der Nacht meine beste Freundin an und bat sie, bei ihr übernachten zu dürfen. Am nächsten Tag fragte mich ein Arbeitskollege, ob ich jemanden wüsste, der ein kleines Apartment bräuchte, weil seine Schwester zu ihrem Freund ziehen wollte. Schon einen Tag später konnte ich dort einziehen, was ich auch tat, nachdem ich noch die meisten Dinge aus Davids Haus abgeholt hatte. Anschließend verbrachte ich den Abend mit Charles in der *Tantragruppe*, wo ich erstmals einen ganz neuen Umgang im Miteinander kennenlernte. Ich war einfach fassungslos und konnte nun gar nicht mehr verstehen, wie ich so viele Jahre, ja Jahrzehnte meines Lebens nicht fähig gewesen war zu erahnen, welch wunderbare sexuelle Begegnungen es geben kann. Am Wochenende darauf holte ich alle meine restlichen Habseligkeiten aus meinem ehemaligen Zuhause und fühlte mich so stark und sicher wie nie zuvor in meinem Leben.

Charles und ich sind seither ein Paar und ich tauche nun in eine neue Welt der Lust und Sexualität ein. Mehr und mehr genieße ich, sowohl Top als auch Bottom zu sein - und ich spüre mein Herz auf eine neue Weise. Ich hatte seither nie mehr eine Attacke.

So möchte ich mich bei Euch bedanken - dort auf Mallorca hat meine so sehr notwendige Veränderung begonnen.
Mit herzlichen Grüßen
James

Wahrhaftig scheint im Leben alles zum rechten Zeitpunkt zu geschehen. Wir wussten damals nicht, was für die beiden der richtige Weg sein sollte - es hat sich auf wundersame Weise gefügt und ich bin dankbar dafür, erfahren zu haben, welch neue Lebensreise James nun beginnen durfte.

Wir blicken einander an - unsere Herzen vibrieren im Blick des anderen und ganz langsam bewegen sich unsere Körper aufeinander zu, um in einer Umarmung zu verschmelzen, die uns in einen Zustand der Zeitlosigkeit gleiten lässt…

Sergio und Angelika

Nach einer aufregenden, anregenden und erfüllten Zeit am Bodensee kommen wir in unser Zuhause auf Mallorca zurück. Für mich ist das viele Reisen und der Umgang mit immer mehr Menschen schon um vieles einfacher geworden. Ich erkenne, dass mir all das an Isaias´ Seite gar leicht fällt, weil ich mit ihm und bei ihm immer wieder in einen Zustand tiefer Entspannung eintauchen kann - nicht nur durch unsere unbeschreiblichen ekstatischen Liebesvereinigungen, aus denen ich eine Erfüllung erfahre, die einfach himmlisch ist, sondern auch durch unsere Meditationen, philosophischen Gespräche, unser gemeinsames Eintauchen in die Stille und durch unser bloßes gemeinsames Sein, ohne Erwartungen, Vorstellungen oder Ansprüche an den anderen. Endlich sind wir nach zehn Tagen in der Nähe meiner Heimat und täglichen Treffen mit vielen Menschen und lieben Freunden wieder in die Ruhe unseres Heims zurückgekehrt. In diesem werden wir nun noch knapp einen Monat sein, bevor wir für fünf Monate in unser Winterquartier auf die Isla Mujeres fliegen. In der Zeit am Bodensee hat sich auch dort der Wunsch nach einem Single-Workshop ergeben, der von unseren Freunden für all deren Freunde und Bekannten in ihrer Umgebung, von denen einige schon sehr lange als Singles unterwegs sind, vorgeschlagen wurde. Ohne Werbung zu machen, hatten wir schon bei unserer Abreise von dort acht Anmeldungen - noch bevor wir überhaupt unsere Ausschreibung gemacht hatten.

Es ist heute ein herrlicher spätsommerlicher Oktobertag, den wir gemeinsam am Meer verbringen wollen, um all die Erfahrungen und unseren weiteren Vier-Tages-Workshop, der denselben Titel wie jener einen Monat zuvor hatte, zu reflektieren und über mögliche Veränderungen zu reden. Wir sitzen nun nach einem ausgiebigen Spaziergang in der wärmenden Nachmittagssonne an einem geschützten Platz am Sandstrand, auf dem wir uns eine große Decke ausgebreitet haben. Ganz still blicken wir aufs Meer und genießen unsere ruhige Zweisamkeit und das sanfte Rauschen der Wellen. Zum Schwimmen ist es mir schon zu kalt und langsam verstehe ich die Menschen immer besser, die nicht dauernd ins Meer gehen, wenn sie am Meer leben. Irgendwann wird man tatsächlich von der intensiven südlichen Sonne und der Kühle des Wassers gesättigt.

So hänge ich meinen Gedanken nach und freue mich darüber, bei unserem Workshop drei meiner wichtigsten Freundinnen mit ihren Partnern mit dabei gehabt zu haben:

>>Als Dankeschön für ihre Werbung und die Organisation, die Atmo, die inzwischen mit ihrem Mann an diesem schönen See lebt, übernommen hat, haben wir sie mit Björn zur Teilnahme an diesen vier Tagen eingeladen. Auch haben Laura mit Thomas und Sarah mit ihrem neuen Freund Helmut an unserem Workshop teilgenommen. Sarah scheint jetzt doch auch endlich einen Mann gefunden zu haben, auf den sie sich tiefer einlassen möchte, nachdem ihre Liaison mit Robert schon nach wenigen Monaten ein Ende gefunden hat. Eine ganz besondere Freude war, dass Kurt uns vorgeschlagen hat, auch hier wieder dieses besonders *aphrodisierende Menü* zuzubereiten. Er bekam natürlich jenen Beitrag, den wir den Teilnehmerinnen und Teilnehmern am Workshop für dieses Essen verrechnet haben, was bei abermals 30 Anwesenden auch für ihn einen rentablen Betrag ausmachte, der ihm zumindest seine Arbeitsstunden abgelten konnte. Er ist unglaublich begabt in seiner Kochkunst. Für uns war dieses herrliche von ihm gestaltete Einstiegs-Dinner ein umso intensiverer und aufwertender Beginn unserer vier Tage. Für mich war es auch schön, ihn zumindest kurz wiederzusehen. Kurt ist nach einem Tag am

Bodensee mit Helena dann wieder abgereist, um den am folgenden Wochenende stattfindenden Qigongkurs am Wolfgangsee vorzubereiten.
Eine große Überraschung, die ich erlebt habe, war die Anmeldung von Atmos Freundin Angelika, die mich bei einem Skype-Telefonat gefragt hat, ob sie mit ihrem jungen Geliebten Sergio kommen könne, der erst vor drei Monaten bei ihr eingezogen war. Sie hat ihn ein halbes Jahr zuvor bei einer Reise nach Peru kennengelernt und ihn danach nur einmal besuchen können. Nun hat sie es geschafft, diesen um 25 Jahre jüngeren 24-jährigen Mann nach Wien zu holen, um hier mit ihm und ihren drei Kindern im Alter von 11, 13 und 16 Jahren zu leben. Angelika war schon seit ihrer Jugend unglaublich fasziniert von Lateinamerika und fühlte sich wesentlich mehr mit dieser Kultur verbunden als mit unserer. Ich kannte sie eigentlich nur aus Atmos Erzählungen etwas näher, die mit ihr schon seit ihrer Schulzeit befreundet war, und hatte sie bei meinem Mallorca-Aufenthalt vor wenigen Jahren kurz kennengelernt. Sie war damals für ein verlängertes Wochenende zu Atmo geflogen, um einmal Zeit ohne Ehemann und Kinder verbringen zu können, mit denen sie zehn Jahre zuvor aus beruflichen Gründen ihres Mannes von Deutschland nach Wien gezogen war. Ich fand sie auf Anhieb sehr sympathisch, sie war ebenso offen und heiter in ihrem Wesen wie Atmo, obwohl sie schon damals in ihrer Ehe

nicht mehr glücklich zu sein schien. All diese Unzufriedenheit versuchte sie offensichtlich mit ihrem Beruf zu kompensieren - sie war eine sehr erfolgreiche Architektin. Allerdings sahen wir uns bloß an einem Abend, weil ich am nächsten Tag bereits zurück nach Hause fliegen musste. Wie ich von Atmo schon vor längerer Zeit gehört habe, erfolgte die räumliche Trennung von ihrem Mann tatsächlich knapp zwei Jahre nach unserem Kennenlernen auf der Insel.
Natürlich war für die beiden eine Teilnahme möglich, weil es ihr sehr wichtig war, ihre neu erlebte Lust mit diesem jungen Mann noch zu vertiefen. Ich werde nicht vergessen, wie sie am Abend unseres Kennenlernens vor knapp vier Jahren, vollkommen verblüfft war wie sehr ich mich von jungen Männern angezogen fühlte. Neugierig und fasziniert lauschte sie damals meiner Geschichte über meinen letzten jungen Geliebten, von dem ich mich erst kurz zuvor endgültig getrennt hatte. Zu dieser Zeit war für sie die Vorstellung, mit einem so jungen Mann eine Beziehung zu haben, undenkbar.

So kann sich ganz schnell alles im Leben verändern.

Für mich selbst wurde relativ bald nach meinem Sommer auf Mallorca klar, dass ich mir nur mehr einen Lebenspartner wünschte, mit dem ich alt werden konnte und das war aus meiner

Sicht mit einem so jungen Mann unvorstellbar. Also beschloss ich, mich nur mehr auf einen Mann über 40 einzulassen und auch nur auf einen Mann, der weder verheiratet noch in einer Beziehung stand. Eine Zeit lang schwankte ich immer noch hin und her, zwischen dem Bedürfnis nach einer Beziehung und meiner Lust auf sexuelle Begegnungen. Nach meiner Rückkehr von meinem *„Exil in Mexiko"*, wie ich diese Zeit meines Alleinseins dort manchmal erlebt hatte, begann ich mir in meiner Entscheidung vollkommen treu zu sein. Kurz darauf tauchte dann tatsächlich mein geliebter Isaias in einer schönen Vollmondnacht auf Santorin vor mir auf. Er war geschieden, ohne Beziehung und 44 Jahre alt - somit bloß sieben Jahre jünger als ich. Es hatte sich alles magisch gefügt, weil ich mir insgeheim dennoch einen etwas jüngeren Mann gewünscht hatte als ich selbst war. Ich war verblüfft, wie unerwartet schnell es möglich wurde, meinen größten Herzenswunsch erfüllt zu bekommen, nachdem ich mich endlich für eine vollkommen klare Ausrichtung entschieden hatte und mir dabei auch selbst treu blieb.
Bei Angelika war es dann genau umgekehrt - sie lebt nun das, was sie sich zuvor nicht ansatzweise vorstellen konnte und scheint damit sehr glücklich zu sein. Ihre größte Herausforderung ist jedoch immer wieder die Situation zwischen ihren Kindern und Sergio - einerseits ist er nur um wenige Jahre älter als ihr

ältester Sohn, andererseits muss sie darauf achten, ihn wirklich als den Mann an ihrer Seite zu behandeln und zugleich nicht ihre Kinder vor den Kopf zu stoßen, die nun quasi einen Konkurrenten im eigenen Zuhause haben. Sie hat sich da sicher keine einfache Situation ausgesucht.

Also kam auch Angelika mit Sergio zu unserem Workshop von Wien angereist. Somit konnte diese Zeit für mich im Kreise einiger vertrauter Menschen sowie mit Kurts *Erotic-Sensual-Love Menu* auf besondere Weise beginnen. Nicht nur, dass sein erotisch und köstlich zubereitetes Dinner wieder eine besondere Gaumenfreude wurde, waren die vier Tage einfach unbeschreiblich schön für mich. Auch Miriam und Paul waren bei dieser Woche dabei. Die beiden hatten sich für ein Zusammenbleiben entschieden und wollten hier bei uns weitere Impulse für ihre Ehe und Sexualität bekommen. Ich genoss es, so viele vertraute Gesichter zu sehen. Obwohl wir dieselben Grundinhalte wie auf Mallorca angeboten haben, war es dennoch ein ganz anderes Erleben. Einerseits lag das sicher an der Anwesenheit meiner lieben Freundinnen, andererseits an der Tatsache, dass wir diesmal in Deutsch kommunizierten, und natürlich auch an der völlig neuen Zusammensetzung dieser Gruppe. Obwohl wir hier den Workshop ebenfalls für Paare mit jeglicher sexueller Orientierung ausgeschrieben

hatten, kamen diesmal nur heterosexuelle Paare, was wiederum eine andere Gruppendynamik ergab.
Angelika schien sich nach anfänglichen Unsicherheiten und der Zusatzanforderung, gewisse Anleitungen von uns für Sergio ins Spanische übersetzen zu müssen, immer mehr zu entspannen. Noch besser gelang es ihr, nachdem sie auch gesehen hatte, wie gut sich Isaias und Sergio, die ihre gemeinsame Muttersprache sprechen konnten, verstanden, und Isaias sie auch bei den Übersetzungen unterstützte. Was ihr besonders gut zu tun schien war die Tatsache, keinen seltsamen Bemerkungen anderer hier in unserer Runde ausgesetzt zu sein. Diese Voraussetzung der „*Nichtwertung*“ ist etwas, was auch hier in dieser Gruppe als eines unserer Grundprinzipien an unsere Teilnehmenden vermittelt wurde - vollkommene Offenheit und Toleranz den Anwesenden gegenüber. Sie lebte immer mehr auf, wurde weicher, sanfter und liebevoller im Umgang mit den anderen und reduzierte von Tag zu Tag immer mehr ihr Bedürfnis, Sergio im anweisenden Ton anzusprechen. Es schien, als ob auch er sich mit der Zeit wohler fühlen konnte, in dieser sehr ungewohnten Umgebung und den für ihn vermutlich befremdlich erscheinenden Abläufen. Seine größte Sicherheit - auch als Mann -wurde ihm von Isaias vermittelt, der doch auch demselben Kulturkreis entstammt, mit seinen eigenen

mexikanischen Wurzeln von der Mutterseite.

Alles in allem war es eine sehr kraftvolle Zeit, nach der alle wieder gut in ihren Alltag zurückkehren konnten - bereichert um eine neue Form der sinnlich sexuellen Begegnung in wirklicher Liebe und Hingabe. Für meine mir inzwischen sehr lieb gewordene Freundin Sarah und ihren neuen Partner haben sich bei uns neue Tore in deren Lust und Ekstase aufgetan - das erzählte sie mir schon zwei Tage nach Ende des Workshops ganz aufgelöst und mit Freude erfüllt am Telefon. Sie meinte auch, es sei ihr unverständlich, wie es für sie möglich sein konnte, so lange in ihrem Leben so etwas nicht erfahren zu haben und 27 Jahre mit Erich zusammen gewesen zu sein, ohne jemals Erfüllung erleben zu können. Ihre kurze Affäre danach hat ihr auch nicht wirkliche Befriedigung gebracht.
Bei Lauras Thomas sind offenbar wieder ein paar weitere Ziegel seiner emotionalen Mauer gefallen, wie Laura mir mit erleichterter Stimme am Telefon erzählt hat.
Auch Atmo, bei der wir anschließend noch drei Tage als Gäste verbringen durften, hatte ein paar neue Impulse für ihre ohnedies sehr vielfältig gelebte Sinnlichkeit und Lust bekommen, wie sie uns am Morgen nach dem Abschluss des Workshops schmunzelnd berichtete. Ja, diese Nacht war wirklich eine besondere Nacht: Ich glaube ich hätte es von

selbst erraten können, weil wir in dieser Nacht im selben Haus waren und uns in der Lautstärke unserer lustvollen Ausdrucksform so gar nichts schuldig geblieben waren. Eine herrliche Nacht! Offensichtlich bewirkt eine sinnliche Gruppenenergie doch einiges an anregenden Impulsen…<<

Mitten in all diesen Gedanken drehst du dich plötzlich zu mir und ziehst mich näher an dich heran: „Was lässt dich den so beglückend lächeln, meine Schöne?“ „Vermutlich kannst du meine Gedanken ohnedies lesen, mein Geliebter. War unsere Nacht nach dem Workshop nicht außergewöhnlich?“, antworte ich mit klopfendem Herzen. „Du meinst wohl so außergewöhnlich wie jede Nacht mit dir, mein himmlisches Weib.“ Wie immer schaffst du es, mit jedem deiner Worte mein Herz noch tiefer zu berühren.
Ich erzähle, was mir gerade alles durch den Kopf gegangen ist und frage dich dann, wie du die Situation für Angelika und Sergio einschätzt. Wieder einmal sehen wir es ganz ähnlich - auch du meinst, es gäbe da keine Einschätzung, weil es ausschließlich an den beiden selbst läge, was sie daraus machen - vor allem aber an Angelikas Umgang mit ihm und ihrer Toleranz für Sergio. Außerdem spiele ja die Dauer der Beziehung nicht eine wesentliche Rolle, weil es viel mehr um die Qualität und Intensität, in der sie sich aufeinander einließen, ginge.

Nachdem wir noch über ein paar andere Details unserer Arbeit gesprochen haben und übereinstimmend meinen, es reiche bei uns beiden, sich bei allem, was wir miteinander tun, immer dem Fluss des Moments hinzugeben, treten wir unseren Heimweg an … um dann, nach einem beglückenden Abend in Zweisamkeit, wieder einmal in eine weitere berauschende gemeinsame Nacht einzutauchen…

Drei Wochen später erhalte ich einen Brief von Angelika:

Hallo Magdalena,
zuerst einmal - Briefe schreiben ist schon kompliziert, aber irgendwie mach ich Dir halt den Gefallen, weil Du uns ja um handgeschriebene Rückmeldungen gebeten hast. Und wenn ich mich schon aufraffe, schreibe ich Dir genauso unverblümt wie Du Atmo und mir von Deinen sexuellen Begegnungen erzählt hast. Es ist echt spannend, was sich bei uns im Zusammenleben alles verändert hat. Sowohl Andreas, mein Ältester, als auch Naomi und Nina sind weder aggressiv noch trotzig, seit wir von eurer Woche zurückgekommen sind. Irgendwie habe ich das Gefühl, dass sie Sergio jetzt endlich als Mann an meiner Seite anerkennen und nicht so tun, als wäre er ihr älterer Bruder oder ein Konkurrent. Es ist ein total angenehmes Gefühl, eine so entspannte

Situation zu erleben, die mich einerseits als Frau und andererseits als Mutter, aber vor allem als Geliebte von Sergio viel sicherer macht. Du weißt sicher noch, wie angeregt ich Deiner Geschichte von Deinem ganz jungen Geliebten gelauscht habe und mir damals so etwas nie vorstellen konnte, und wie mich dann auch noch die Geschichte von dem 24-jährigen Deutschen auf La Gomera fasziniert hat, von dem Du, wie mir Atmo nach Deiner Abreise noch erzählt hat, extrem geschwärmt hast. Irgendwie kann ich das jetzt erst so richtig nachvollziehen, als Du damals gemeint hast, wie Dich die Potenz dieses jungen Mannes, aber auch seine Offenheit und Einfühlsamkeit für Dich als Frau beeindruckt haben. Mir scheint es mit Sergio gerade ebenso zu ergehen. Als er nach Österreich kam, war ich zuerst vollkommen nervös, weil wir uns davor eigentlich nur drei Wochen wirklich intensiv erlebt haben. Kurz zuvor habe ich mich von Richard nun endgültig nach 20 Jahren Ehe, von denen wir in den letzten beiden Jahren ohnedies schon getrennt gelebt haben, endgültig scheiden lassen. Ich habe mich unsterblich verliebt und verbrachte magische drei Wochen mit Sergio in der Nähe von Lima. Bis er herkommen konnte, sind dann beinahe vier Monate Wartezeit gelegen, weil die Behörden einfach dauernd irgendwelche Verzögerungen am Laufen hatten. Die in Wien haben es auf die in Lima abgeschoben, und wenn ich dann dort angerufen habe, meinte der Botschafter, es läge an Wien. Irgendwie war ich manchmal schon am Aufgeben, weil unsere Skype- und E-Mail-Kommunikation auch immer schwieriger wurde - durch die Distanz, die Sprachbarriere und die bereits allzu lange Trennung.

Als es dann endlich so weit war, wusste ich irgendwie nicht mehr so recht, wie das für uns fünf eigentlich funktionieren sollte. Andreas meinte schon, dass er keine Lust hätte, dass da ein Fremder von mir durchgefüttert werden sollte. Bei Gott, keine leichte Situation - Gott sei Dank hatte Sergio durch den Verkauf seiner Habseligkeiten ein wenig Geld als Startkapital mitgebracht, damit er hier nicht ganz abhängig sein musste. Ach ja - ich hole gerade wieder aus, obwohl Du das eigentlich eh schon alles beim Workshop erfahren hast. Aber ich bin gerade so aufgeregt und muss Dir berichten, was ich mit ihm eine Woche nach unserer Heimkehr erlebt habe. Naomi und Nina verbrachten ihr Wochenende bei ihrem Vater und Andreas hatte beschlossen, mit Freunden von Freitag bis Sonntag zu einem Rockfestival zu fahren. Endlich hatten wir wieder ein wenig Zeit für uns alleine - also beschlossen wir, es uns richtig gemütlich zu machen und Zeit füreinander zu haben. Ich wollte ihn am Freitagnachmittag zu einem Ateliereröffnungsfest mitnehmen und dann mit ihm gemütlich essen gehen. Allerdings kam es nie dazu.

Kaum hatten die Mädchen das Haus verlassen, packte mich Sergio einerseits ganz zärtlich aber doch unglaublich fordernd und drückte mich mit einer Begierde an die Wand, dass ich gar nicht wusste wie mir geschah. Er begann mich an meinen Ohren sanft zu beißen und verlangte von mir, mich nicht zu bewegen. Dann küsste er meinen Mund und wühlte mit seinen Händen in meinem Haar, während er zwischendurch immer wieder in mein Ohr hauchte: „Mi querida, mi hermosa querida …“ Schon die Sprache war in meinen Ohren luststeigernd und ich begann leicht zu stöhnen, wollte seine Küsse erwidern. Daraufhin drückte er mich noch intensiver gegen die Wand und meinte nur, ich solle mich wirklich nicht bewegen, er wolle meinen schönen Körper nur berühren und betrachten. Oh mein Gott, gerade das, was mich am meisten verunsichert - mein Körper - so viel älter und nach drei Schwangerschaften! Langsam streifte er mir mein Top über den Kopf, während er mich schon über einen Arm nach oben küsste und intensiv in meiner Armbeuge leckte, was sich unglaublich erotisierend anfühlte. Ganz sanft fuhr er danach mit seiner Zunge weiter nach unten, öffnete meinen BH und legte meine Brüste frei, um zu betonen, wie schön diese seien. Zärtlich nahm er die eine in die Hand und leckte und biss meine Brustwarze der anderen Brust. Ich habe noch nie eine solche Intensität durch die Berührung meiner Brüste gespürt wie in diesem

Moment. Mir wurde tatsächlich ganz heiß und ich spürte, wie erregt und feucht es sich zwischen meinen Beinen anfühlte. Es erfasste mich ein unbeschreiblich lustvolles Gefühl. Obwohl ich schon in der Nacht nach der Berührungsübung bei Euch in der Gruppe angefangen hatte, einiges intensiver zu empfinden, war es jetzt so prickelnd, dass ich mich selbst laut aufstöhnen hörte, während sich mein Becken ihm unvermittelt entgegenwand. Er erreichte bereits meinen Bauchnabel und ich fasste mit beiden Händen in seine dichten schwarzen Haare. Wieder ermahnte er mich ruhig zu bleiben … Leichter gesagt als getan, weil ich merkte, wie sich mein Unterleib zusammenzog und sich ein warmes Pulsieren in meinem Inneren breit machte. „Sergio, Sergio ….“, stöhnte ich nur, während er mir schon den Rock nach unten gestreift hatte und mit seiner ganzen Hand über mein Höschen griff, um dieses in meine feuchte pulsierende Spalte zu drücken. Dann begann er es nach unten zu ziehen und gleichzeitig mit seiner Zunge vorsichtig meine Klitoris zu umkreisen. Welch ein unbeschreibliches Gefühl, nur verwöhnt zu werden und nichts tun zu müssen. Er leckte mich unfassbar intensiv und schob mir unmittelbar darauf zwei Finger in meine feuchte Muschi - Yoni, wie Ihr meint -, sodass ich einen heftigen Hitzeschauer durch meinen ganzen Körper pumpen fühlte und mich kurz aufbäumte vor Lust. In diesem Moment packte

er mich, hob mich auf seine Arme und trug mich ins Schlafzimmer. Dort ließ er mich auf die Matratze fallen, riss sich mit einem feurigen Blick auf mich das Gewand vom Körper und stand vor mir in seiner jugendlichen Schönheit und vollen Manneskraft. Ich spreizte unvermittelt ganz weit meine Beine und schon war er über mir, um zuerst langsam in mich einzudringen, was wir durch Eure Anregungen schon sehr zu schätzen lernten…
Doch dann nahm er mich so wild und ungestüm, wie ich ihn seit Lima nie mehr erlebt hatte. Ich merkte, wie eine tiefe Erleichterung mich durchströmte, endlich wieder so richtig genommen zu werden. Ich hatte ehrlich gesagt schon ein wenig Angst gehabt, dass er mich seit seinem Herkommen nicht mehr so begehrte wie in Peru. Das war ja auch der Grund, warum es mir so wichtig war, zu Eurem Workshop zu kommen - in der Hoffnung, es könnte wieder anders werden. Und es wurde tatsächlich anders, noch viel mehr, als ich es mir erwartet hatte. Schon nach der Heimkehr verhielt er sich viel männlicher mir gegenüber, und den Kindern zeigte er sich als Mann der Mutter und nicht mehr so sehr als ihr freundschaftlicher Kumpel. Ach, ich schweife wieder ab…
Also, er nahm mich so wild und intensiv, dass ich unglaublich schnell zu einem Orgasmus kam, und dabei das Gefühl hatte, diesen noch nie zuvor so stark erlebt zu haben. Er fragte mich, ob ich mehr wollte und sah mich mit

einem so begehrenden Lächeln an, dass ich nur ja sagen konnte. Also stieß er mich weiter, um mich dann unvermittelt nach oben zu ziehen, seinen harten Penis aus mir herauszuziehen, mich umzudrehen und von hinten zu nehmen. So unvermittelt wie zuvor kam ich ein weiteres Mal ganz intensiv und merkte, dass ich dabei sogar aufschrie. Dann meinte er nur lachend: „Du liebst es, oder?“ „Ja … und wie!“ Daraufhin lachte er, legte sich mit diesem unverändert steifen Lingam, wie Ihr ihn benannt habt - diesem herrlich jugendlich potenten Schwanz - wie ich meine, auf den Rücken und sagte bloß: „Na, dann weiter!“ Ich wollte mich schon zu ihm beugen, um diesen schönen harten Penis in meinen Mund zu nehmen, als er mich aufforderte: „Nein, reiten!“ Also setzte ich mich auf ihn und sah ihm in die Augen. Diese Position machte mir anfangs am meisten Angst. Ich fürchtete, meine Haut könnte ihm dabei unangenehm auffallen. Aber so wie er mich immer ansah, wurde ich vollkommen ungehemmt und ließ mich einfach lustvoll gehen, bis mich erneut ein Orgasmus überrollte, in den er mit einstieg und wir gleichzeitig kamen, laut und ungezügelt. Danach lagen wir erleichtert im Bett, und er meinte, er möchte nicht zu diesem Atelierfest gehen, wo wir doch gerade erst so schön begonnen haben, uns zu lieben. Ich sah ihn nur verblüfft an und er zeigte mit seiner Hand bloß zu seiner Mitte, in der er tatsächlich binnen kürzester Zeit erneut vollkommen erigiert war. Ich war gerade etwas überfordert nach meinen drei intensiven Orgasmen, woraufhin er schmunzelnd sagte: „Üben … üben … wie Isaias und Magdalena meinten?!“ Er meinte Eure Atem- und Achtsamkeitsübungen und diese stille Vereinigung, die Ihr uns vorgeschlagen habt, immer wieder auszuüben. Schon nahm er mein Bein und schlug es gekreuzt über das seine, während er mir in die Augen blickte und ganz langsam in mich hineinglitt … und ich sag Dir - es dauerte noch Stunden, bis wir uns voneinander lösten, eigentlich insgesamt noch fast zwei Tage. Jetzt weiß ich, was Du immer gemeint hast, als Du mir von Deinen stundenlangen Vereinigungen erzähltest, die Du immer so genossen hast. Ich glaube, meine Kinder haben ihre Mutter noch nie zuvor so entspannt erlebt wie nach ihrer Rückkehr aus dem Wochenende. Andreas hat mich ziemlich frech und mit einem gewissen Blick angegrinst, als er bei der Türe hereinkam und mich sah … er hat ja auch schon seine zweite Freundin.

Also, was bei Euch geschehen ist, weiß ich nicht wirklich, aber es ist seither einfach richtig schön. Danke!
Ich wünsch Euch eine schöne Zeit und eine gute Reise auf die Isla Mujeres.
Alles Liebe
Angelika

Wir beide freuen uns sehr über Angelikas Schilderung. Ein wenig haben wir doch gefürchtet, es könnte in der Konstellation mit ihren Kindern womöglich zu einer Eskalation kommen, weil auch die endgültige Trennung von deren Vater nicht allzu lange zurückliegt.

Was Veränderungen bei nur einer Person in einem System schon alles ermöglichen. In diesem Fall scheinen vor allem die besser verankerte Männlichkeit von Sergio, aber auch die weiblichere Weichheit von Angelika ganz viel bewirkt zu haben. Dazu bedarf es oft keiner Worte - wie schön für alle Beteiligten.

Marie und Françoise

In LUST und LIEBE LEBEN
Wochenend-Workshop für Singles

Eine transformierende Reise zu einem in Lust und Liebe gelebten Leben
Mich selbst in meiner Sinnlichkeit und erotischen Ausstrahlung erfahren

Wir hatten für unseren ersten gemischten Single-Workshop in München tatsächlich 22 Anmeldungen, obwohl wir nicht einmal selber vor Ort Werbung machen konnten. Wie wunderbar es ist, wenn man im Leben unterstützende Freunde hat, die einem auf vielerlei Art hilfreich zur Seite stehen. Gerade sind wir dabei unsere Koffer zu packen - nicht nur für die kurze Zeit in Deutschland, sondern vor allem für die Winterzeit auf der Isla Mujeres, auf die ich mich schon sehr freue. Wir hatten in den letzten Monaten wirklich sehr viele Menschen um uns, etwas, was ich in der Ruhe meines bisherigen Lebens selten erlebt hatte. Daher sehne ich mich im Moment tatsächlich nach Stille und Erholung, obwohl zumindest zu Weihnachten dort auch viel los sein wird, weil wir alle unsere Kinder mit Begleitung zu Besuch haben werden. Wir werden ein richtiges Familien-Weihnachtsfest erleben, auf das ich mich besonders freue, da ich das in meinem Leben vor unserer Begegnung nur selten harmonisch erfahren konnte. Bis dahin haben wir zumindest unsere Zeit der Zweisamkeit, und auch danach wird es wieder ruhiger werden, obwohl Richard und Susan für uns bereits im Januar einen Paar-Workshop auf der Insel organisiert haben. Bei diesem werden sie uns die Ehre geben, in gewisser Weise als Co-Trainer dabei zu sein, um uns mit ihrem reichen Erfahrungsschatz ihrer schon bald 20 Jahre gelebten *‚sacred relationship‘* zu unterstützen.

Hier auf Mallorca ist es bereits richtig unfreundlich und kalt geworden - umso mehr freue ich mich auf die Zeit in der tropischen Wärme. Ich kann mich unglaublich glücklich schätzen, Isaias kennengelernt zu haben, der fast sein ganzes Leben am oder in der Nähe des Meeres gelebt hat, obwohl ich mit ihm vermutlich auch an jedem anderen Platz dieser Erde glücklich wäre. Heiter und gelöst packen wir gemeinsam unsere Sachen, bevor wir unsere letzte Nacht für längere Zeit hier miteinander verbringen.

Es ist für mich ein unbeschreiblicher Genuss, an seiner Seite einzuschlafen und wieder aufzuwachen. Sehr häufig benutzen wir unsere eigenen Schlafräume nicht wirklich, obwohl das für mich vor unserer Begegnung eine unabdingbare Vorstellung des Zusammenlebens mit einem zukünftigen Partner gewesen ist. Vermutlich ging es mir bloß um die Möglichkeit, allein schlafen zu können. Allein diese Option schien mir bereits gereicht zu haben, sie danach kaum zu nutzen. Außerdem ist Isaias glücklicherweise ein Mann, der vollkommen ruhig schläft, was für mich die Schlafsituation wesentlich erleichtert. Es ist das erste Mal in meinem Leben, dass ich wirklich erholsam und erfüllt neben einem Mann die Nächte verbringen kann. Er ist allerdings auch der erste Mann, an dessen Seite ich mich sicher und beschützt fühle. Also verbringen wir unsere letzte Nacht hier in unserem Haus, besprechen im Bett noch einige ganz banale Dinge und genießen es, einander zärtlich zu berühren und zu spüren, um dann nach einem innigen Gute-Nacht-Kuss Körper an Körper miteinander einzuschlafen. Glücklicherweise geht unser Flug nach München am nächsten Tag erst um 11:30 Uhr, was bedeutet, den Morgen noch ganz in Ruhe genießen zu können. Die vier Nächte in Deutschland werden wir in einem netten Hotel verbringen, welches Isaias schon von all seinen Geschäftsreisen kennt. In zwei Tagen beginnt unser Workshop, Freitag um 16 Uhr. Ich bin schon sehr neugierig auf dieses erste gemischte Single-Wochenende, nach dessen Abschluss wir bereits am Montag um 9 Uhr weiter von München nach Cancun fliegen werden.

In München angekommen erwartet uns Atmo am Flughafen, die ihr eigenes Geschäftsmeeting so gelegt hat, um uns noch zu treffen und zum Ort des Workshops zu begleiten. Es ist ein schöner Platz an der Peripherie, wo wir auch eine sehr angenehme Betreuung haben und die Mahlzeiten mit unseren Teilnehmerinnen und Teilnehmern einnehmen können. Ich freue mich sehr, Atmo wieder einmal zu treffen. Wir gönnen uns eine Stunde für uns alleine, um Zeit für einen typischen Frauentratsch zu haben, bei dem sie mir erzählt, wie sehr sich auch bei ihr noch einiges seit unserem Workshop im letzten Monat getan hat. Sie hat das Gefühl, als könne sie jetzt mit Björn eine noch tiefere Verschmelzung erleben als zuvor. Er sei vor allem um vieles weicher geworden, ohne von seiner kraftvollen männlichen Stärke etwas eingebüßt zu haben.
Ich habe tatsächlich keine Ahnung, was es ist, was wirklich all diese Veränderungen auslöst - Hauptsache sie können geschehen. Möglicherweise ist es unser gemeinsames Energiefeld, vielleicht auch diese vollkommene Präsenz im Moment. Ich bin einfach nur dankbar, mitzuerleben, wie viele Menschen schon in der kurzen Zeit, in der wir unsere

gemeinsame Arbeit machen, ihre Sexualität tatsächlich neu genießen, sie vertiefend erleben und sich in ihrer Sinnlichkeit oftmals ganz verwandelt erfahren können. Ich kann mich nun unendlich glücklich schätzen, endlich *meine Herzensarbeit* zu verwirklichen. Bei Atmo und mir hat sich in den letzten Jahren unglaublich vieles verändert - ein Leben, das sich einem ständig fließendem Wandel unterzieht.

So treffen wir am nächsten Tag, um 16 Uhr unsere neue Gruppe zu einer ersten Vorstellungsrunde, um danach auch schon intensiv bis 21 Uhr mit den Anwesenden zu arbeiten. Drei Personen fallen uns auf besondere Art und Weise bereits an diesem ersten Tag auf. Einerseits sind es die beiden Französinnen Marie und Françoise, zwei Freundinnen, die hier in München ihr Praktikumsjahr an einem Gymnasium absolvieren, wo sie als Native-Speakers unterrichten, andererseits Laurin, ein ausgesprochen schüchterner Mann Mitte 30. Die beiden jungen Frauen scheinen sich hier bei uns ein wenig deplatziert vorzukommen und meinen bloß, dass sie von ihrer gemeinsamen Kollegin Andrea aus der Schule, mit der sie sich angefreundet haben, hierher mitgenommen wurden. Laurin sitzt mit gesenktem Blick in unserer Runde und wagt es kaum, sich mit wenigen Worten hier vor der Gruppe vorzustellen.

Wie so oft in solchen Gruppen gibt es auch bei uns einen Frauenüberschuss - es sind 14 Frauen und acht Männer gekommen. Wir meinten, dieses Ungleichgewicht zulassen zu können, weil unser Fokus nicht primär auf Paarübungen gerichtet ist, sondern darauf die Anwesenden vielmehr in ihre eigene Sinnlichkeit und Lust, aber auch in ihren Selbstwert und ihre Sicherheit im Umgang mit dem Gegenüber zu begleiten.
Ich habe schon sehr schnell das Gefühl, dass die beiden jungen Frauen sich irgendwie von Beginn an sehr unwohl fühlten und das Gefühl vermittelten, als wären sie tatsächlich nicht freiwillig hierher gekommen. Wie immer zu Beginn unserer Workshops betonen wir sowohl die Notwendigkeit von Achtung und Toleranz im Miteinander als auch die Freiwilligkeit bei der Teilnahme an sämtlichen Übungen. Allerdings ermutigen wir dazu, alles auszuprobieren, weil erst im persönlichen Erleben ein Gefühl dafür entstehen kann, ob man sich wohlfühlt oder nicht.
Bei Laurin scheint die Situation eine ganz andere zu sein - er wagt es kaum, irgendjemandem in die Augen zu blicken, errötet bei jeder kleinsten Bemerkung zum Thema Lust und Sinnlichkeit und senkt sofort den Blick, wenn eine Frau ihn ansieht. Auch bei der Vorstellungsrunde weiß er nicht wirklich, wie er mit der Situation umgehen soll. Er meint bloß, dass er aus reiner Neugier

hierhergekommen sei, weil ihm sein Arbeitskollege Wilfried, der in Isaias´ Männergruppe auf Mallorca gewesen ist, dies empfohlen habe. Von sich selbst gibt er so gut wie nichts preis, außer seinen Wunsch, in Zukunft besser „mit Frauen zu können“ wie er meint.

Wir beginnen wie immer mit einer meditativen Einstimmung, die den Anwesenden helfen soll, ein wenig abzuschalten und den Alltag zurückzulassen. Danach bitten wir die Anwesenden, sich in sechs Dreier- und einer Vierer-Gruppe zusammenzutun, um sich gegenseitig zu erzählen, was für sie persönlich zum Thema *Lust und Sinnlichkeit* passt, und mit welchen Wünschen sie hier her gekommen sind. Die Gruppen haben sich recht schnell gefunden - bloß Laurin steht immer noch abseits und weiß nicht, wohin er sich wenden soll. Isaias übernimmt die Initiative und hilft ihm in einer gemischten Gruppe als vierter gut aufgenommen zu werden.

Am Abend scheint die Stimmung schon um einiges lockerer zu sein, auch wenn uns aufgefallen ist, dass Marie und Françoise bei Zweierübungen offensichtlich nicht getrennt werden wollen und Laurin immer übrig bleibt. Er wagt es nie, sich aktiv auf eine andere Person zuzubewegen. Ähnlich scheint uns der Samstag zu verlaufen - vor allem bei Übungen mit Berührungsinhalten verweigern die beiden jungen Frauen, mit einem Mann zusammenzukommen, während sich die anderen eher darum reißen, jemanden vom anderen Geschlecht als Gegenüber zu haben. Gerade bei diesen Übungen gehen sie ganz besonders ineinander auf und scheinen sich dabei sehr wohlzufühlen, während es bei den anderen Frauen genau umgekehrt ist - sie sind bei einer Frau viel zurückhaltender als bei einem Mann. Sogar Laurin scheint langsam Gefallen daran zu finden, wenn ihn eine Frau - im Speziellen scheint es Sigrid zu sein - berührt, während er selbst noch sehr ungelenk beim Geben ist. Bei der letzten Übung vor der Nachmittagspause versucht Peter, für eine Sinnlichkeitsübung mit Françoise zusammenzukommen, die in dem Moment total entsetzt zurückweicht und nur schwer ihre aufkommenden Tränen unterdrücken kann. Sie verweigert mit einer großen Vehemenz. Nun scheint mir die Situation endgültig klar geworden zu sein. Ich schlage Françoise in der kurzen Pause vor, nach Abschluss dieses Tages mit mir zu reden, wenn sie das möchte. Wir beenden diesen Samstag mit einer sinnlich-lustvollen Atemmediation mit Selbstberührung und beobachten eine wesentliche Entspannung, aber auch lustvolle Sinnlichkeit bei den Anwesenden. Wieder ist es Laurin, der sich in keiner Weise selbst berühren möchte. Beim Abschied scheinen sich dennoch alle, mit Ausnahme der beiden jungen Frauen, auf den morgigen Tag zu freuen - einige haben sich für den Abend vorgenommen, etwas Gemeinsames zu unternehmen. Nachdem die anderen gegangen sind und ich mich mit Françoise und Marie, die unbedingt bei dem Gespräch dabei sein will, in einen anderen Raum zurückziehe, sehe ich auch Isaias mit Laurin in ein Gespräch vertieft.

Eine Stunde später verlassen zwei offensichtlich sehr gelöste junge Frauen Arm in Arm das Zentrum, und auch ich fühle mich einerseits in meiner Vermutung bestätigt, andererseits sehr erleichtert. Mein wunderbarer Mann hat auf mich gewartet und nimmt mich voller Liebe in seine Arme. Wortlos verlassen wir den Ort, um uns noch mit zwei Paaren aus unserer letzten Paargruppe in München in einer Sushibar zu einem gemütlichen Essen zu treffen. Beide Paare erzählen uns ein wenig von ihren Erfahrungen in den letzten Wochen - alles in allem ein sehr lustvoll anregendes Gespräch, ergänzt durch die für mich immer sehr sinnlichen Sushis, die ich am liebsten mit meinen Händen zu mir nehme. Trotz meiner Müdigkeit lässt mich meine prickelnde Erregung in unserem Hotelzimmer wieder sehr aktiv werden und veranlasst mich, dich zu verführen, um mich dir in der gemeinsamen heißen Dusche einem herrlichen Quickie hinzugeben. Anschließend ist es uns wieder einmal gegeben, vollkommen entspannt und erfüllt Arm in Arm und miteinander in Stille vereint, einzuschlafen. Niemals kann ich zu müde sein, um Isaias nicht zutiefst zu begehren.

Am nächsten Morgen offenbart sich uns eine sichtlich gelöste Stimmung. Im Vorraum treffen sich alle und führen sehr angeregte Gespräche - sogar Laurin lacht mit. Es freut mich das zu sehen, als ich kurz aus dem Seminarraum hinausblicke, um zu erfassen, wer schon gekommen ist. Im selben Moment geht die Eingangstüre auf und zwei unglaublich erleichterte junge Frauen betreten Hand in Hand den Raum. Kurz verstummt das Gespräch der anderen, während die Blicke auf die beiden Französinnen gerichtet sind, die nun selbstverständlich und selbstbewusst zeigen, in welcher Beziehung sie wirklich zueinander stehen. Nach diesem kurzen Moment allgemeiner Verblüffung wenden sich alle wieder ihren Gesprächen zu und betreten heiter und plaudernd unseren Gruppenraum, den ich mit Blumen geschmückt und geräuchert habe.
Unsere Morgenrunde beginnt somit in einer sehr gelockerten Atmosphäre. Die Rückmeldungen über das Befinden unserer Singles sind durchwegs positiv. Als die Reihe an Marie kommt, die natürlich wie gewohnt neben Françoise sitzt, meint diese, dass sie der Gruppe etwas mitzuteilen hätte und ob sie dafür nun die Möglichkeit bekommen könne. Da Isaias und ich schon wussten, worum es geht - ich hatte den beiden am Vortag vorgeschlagen,

sich hier in dem geschützten Rahmen zu outen - fragen wir die anderen, ob es ihnen recht wäre, wenn die beiden jungen Frauen möglicherweise etwas länger zu Wort kommen. Alle erklären sich damit einverstanden. Ich nehme sogar eine sehr wohlmeinende Energie im Raum wahr, die für die beiden große Unterstützung ermöglicht.

Marie beginnt zu erzählen - zuerst mit zittriger Stimme, doch dann immer sicherer, während Françoise leise und berührt weint, als würde die Erleichterung über das Ende vieler verschwiegener Jahre aus ihr fließen.
Marie erzählt ihre gemeinsame Geschichte, die schon in ihrer Kindheit vor knapp 17 Jahren im Kindergarten ihres kleinen Ortes begonnen hat. Sie sind in einem südfranzösischen Dorf aufgewachsen, in dem die beiden bis zu ihrem Abitur auch gelebt haben. Ihre Familien sind bäuerlicher Herkunft und streng katholisch. Sie selbst ist eines von sieben Kindern. Als sie in so jungen Jahren Françoise kennengelernt hatte, war in ihr schon als kleines Mädchen das Gefühl, als ob sie für immer zusammengehören würden. Somit wurden sie unzertrennliche Freundinnen, die sich schon mit fünf Jahren geschworen hatten, nie wieder ohne die andere sein zu wollen - *ein Herz und eine Seele*. Als sie in der Schule waren, wurden sie von den anderen immer ein wenig gefrotzelt, weil sie alles gemeinsam machen wollten. Schon im Alter von ungefähr zehn oder elf Jahren hörten

sie in der Kirche, in die sie am Sonntag immer gehen mussten, den Pfarrer oft gegen jene wettern, die gegen Gott seien, weil sie unsittliche und gotteslästerliche Dinge taten. Er betonte immer wieder, dass Gott das *Teuflische* niemals gutheißen würde, und drohte oftmals mit der *Hölle*. Auch meinte er irgendwann, dass *der Mann bloß mit dem Weibe sein darf und niemals ein Mann mit einem Manne*. Sie und Françoise konnten sich noch vage an Jaques erinnern, der zu dieser Zeit irgendwann aus dem Dorf verschwunden war - mit seinen knapp 16 Jahren. Irgendjemand habe ihn damals teuflische Dinge mit einem anderen Jungen machen gesehen. Angeblich hätten die beiden im Heuschober von Jaques´ Familie ihre Penisse unsittlich berührt und sich dabei geküsst. Der andere Junge, ein Cousin der Kinder einer anderen Familie des Ortes war damals zu Besuch in den Ferien dort gewesen. Am nächsten Tag wurde er heimgeschickt und war nie wieder im Dorf gesehen. Der Pfarrer meinte in diesem Sommer, in der Kirche den Weihrauch schwenkend, dass ihre Seelen vermutlich des Teufels waren und er nun versuchen müsste, Gott für sie ein wenig zu versöhnen. Als der Pfarrer diese Worte gesprochen hatte, habe ihre Tante ganz streng auf sie herabgeblickt und flüsternd gemeint, dass solche Menschen für immer verflucht seien. In dem Moment hatte sie ihrerseits zu Françoise geblickt, die beschämt ihren Blick senkte.

Jaques musste ab diesem Tag täglich zum Pfarrer in die Pfarre kommen, der ihm den Teufel aus dem Leib treiben wollte. Sie sah ihn zwei Mal vollkommen verstört aus dem Pfarrhaus kommen und weiß noch, wie der Junge immer bleicher und schweigsamer wurde. Irgendwann im Herbst wurde im Dorf dann behauptet, er sei sehr krank in eine Klinik eingewiesen worden. Niemand weiß, was damals tatsächlich geschehen ist. Aus heutiger Sicht könne sie nur vermuten, was der Pfarrer mit dem armen Jaques damals möglicherweise angestellt hat.

Als sie und Françoise dann mit 13 bereits merkten, dass ihre Liebe irgendwie so ganz anders war als bloß zwischen Freundinnen und sie immer öfter gegenseitig ihre sprießenden Körper zärtlich zu berühren versucht waren, wurde ihnen klar, dass es niemals jemand erfahren durfte. Sie hatten große Angst davor, womöglich auch zum Pfarrer zu einer *Teufelsaustreibung* kommen zu müssen, wenn sie sich verraten würden. Daher taten sie nach außen hin, als würden sie gar nicht mehr wichtig füreinander sein, und trafen sich immer öfter heimlich, was ihnen dann leichter möglich wurde, als sie mit 14 in eine andere Schule gehen durften. Die Lehrer hatten sie als sehr begabt eingestuft und empfohlen, sie weiterhin in eine höhere Schule zu schicken. Einerseits waren dort nur mehr wenige andere Jugendliche aus ihrem Ort, andererseits waren beide

Mädchen übereifrig, damit sie diese Gelegenheit nützen konnten, um die Ausrede zu haben, immer gemeinsam lernen und ihre Aufgaben machen zu müssen. Als sie 17 war, habe ihre Mutter sie einmal gefragt, ob sie denn nicht an Jean interessiert wäre, der sich immer wieder nach ihr erkundigte. Sie meinte, dass sie in der Stadt einen Verehrer hätte, der ihr besser gefiele. Das machte ihrer Mutter wiederum Angst, weil dieser sie womöglich entjungfern könnte. Also erzählte sie ihr irgendwann, dass er ein anders Mädchen kennengelernt hätte und sich nicht mehr für sie interessierte. Diese Erklärung beruhigte ihre Mutter eine Zeit lang. Mit Françoise freute sie sich nur mehr auf den Schulabschluss, weil sie dann endgültig diesen Ort verlassen konnten, um in Paris mit einem Stipendium zu studieren.

Als es soweit war, erlaubten ihre Eltern ihnen nicht, gemeinsam ein Apartment zu nehmen, weil sie offensichtlich zu dieser Zeit schon Verdacht geschöpft hatten. Oftmals erinnerte ihr Vater sie an Jaques, der inzwischen in der geschlossenen Psychiatrie untergebracht war. Somit entschied sie sich für ein Studentenzimmer in einem Studentenheim, in dem sie aus Kostengründen mit einer Kollegin ein Zimmer teilen musste, weil auch hier die Eltern auf eine räumliche Trennung der beiden Freundinnen bestanden. Sie argumentierten mit dem Vorwand, sie müssten andere Personen kennenlernen, um endlich in neue Kreise zu kommen und einem jungen Mann begegnen zu können. Françoise musste in einem anderen Studentenheim ihre Unterkunft beziehen. Irgendwie erschien ihnen alles wie ein Fluch. Sie glaubten, sie seien nicht normal und schworen sich, dass es niemals jemand erfahren dürfte, wie sehr sie einander liebten und ihre Körper begehrten. So geschah es eines Tages, dass sie wieder einmal in einem der Zimmer einander zu küssen begannen und zart ihre Brüste liebkosten, sich einfach ineinander fallen ließen und spürten wie feucht ihre Scham war. Diese verwöhnten sie dann gegenseitig lustvoll mit Küssen und rieben sie mit ihren Fingern, bis sie gemeinsam zu einem Orgasmus kamen, den sie in ihrem heftigen Atem nicht wirklich zu unterdrücken vermochten. Als in diesem Moment ein Schlüssel ins Schloss gesteckt wurde und die Kollegin, die nicht hereinkommen konnte, laut an der Türe klopfte, wurden sie aus ihrem Liebesspiel gerissen und damit auch entdeckt. Zerzaust wie sie war, warf sich Françoise schnell ein Kleid über und öffnete - vor der Tür stand Yvonne mit zwei Jungen. Die drei starrten sie mit großen Blicken an. Nun bekamen sie panische Angst, dass irgendwer ihr Geheimnis den Eltern verraten könnte - sie flehten daher Yvonne an, niemandem etwas zu sagen. An diesem Tag hatten sie sich erneut geschworen, nachdem ihnen Yvonne versprochen hatte, sie müssen keine Angst vor Verrat haben, niemals mit

irgendjemanden je darüber zu reden. Außerdem beschlossen sie, sobald es ihnen möglich war, das Land zu verlassen, um endlich diesem verdammten Fluch vom Pfarrer und damit auch ihren Eltern zu entkommen. So sei ihre Geschichte im Wesentlichen gewesen und nun seien sie hier, weil Andrea, ihre Kollegin und Freundin gemeint hatte, dass es doch höchste Zeit sei, einmal einen Mann kennenzulernen und ihre Sinnlichkeit auszuleben.
Ich habe Andrea bei der gesamten Erzählung beobachtet und gesehen, wie ihre Augen immer feuchter wurden. Es ist eine wahrhaft berührende Geschichte.

Aber jetzt solle Françoise weiterreden, die bei Maries Erzählung immer lebendiger und sicherer in ihrem Wesen wurde.
Auch sie meint, dass das Allerschlimmste immer der Fluch war, der über ihnen zu hängen schien und sie erst seit gestern - seit sie mit mir darüber gesprochen hatten -, wirklich das Vertrauen und die Sicherheit haben, ganz normale junge Frauen zu sein, die einfach bloß lesbisch sind. Sie seien so dankbar und es war, als wäre ein Riesenstein von ihren Herzen gefallen. Nun wollen sie uns mitteilen, dass sie durch diese Erleichterung und die schönen Rituale in der Gruppe gestern eine Art Verlobung gefeiert hätten und eine richtig magische Liebesnacht hatten, in der sie erstmals vollkommen ohne Schuldgefühle ihre Körper

erforschten, einander küssten, ihre Brüste liebkosen und genießen konnten und es ein Genuss war, erstmals so richtig lustvoll und ohne Scham ihre Orgasmen zu erleben. Sie waren so glücklich, als sie sich gegenseitig ihre Knospen berührten und mit ihren Zungen ihre Liebesgrotten erforschen konnten. Sie hätten auch dieses wunderbare Atemritual gemacht, bei dem sie sich gegenseitig ihr Herz und ihre Vulva berührten und waren sogar dabei in eine lustvolle Ekstase eingetaucht, die sie gemeinsam in Wellen immer wieder aufsteigen und in die Weite fließen ließen. Jetzt wären sie endlich frei und unendlich dankbar, einerseits Andrea, die sie ja doch zuvor noch im Ungewissen gelassen hatten, was ihnen leidtäte, andererseits auch ganz besonders mir, die ihnen gestern jegliche Angst vor Bestrafung und Anormalität nehmen konnte.

Dieses Outing der beiden endet mit Applaus der anderen und offensichtlich tiefer Bewunderung und Mitgefühl aller Anwesenden.

Wir nehmen diese Situation zum Anlass, unser Programm für den Vormittag ein wenig abzuändern und jenes Ritual zu vollziehen, das bei unserer Hochzeit auf Mallorca von Eleonora und Leonardo geleitet wurde. Es beginnt mit einer stillen tiefen Meditation, die wir mit unseren Klangschalen begleiten. Danach bitten wir alle paarweise zusammen zu gehen und in

dieser Formation einen Kreis um unser junges Liebespaar zu bilden.
Alle in der Gruppe sollen - zuerst als Paare - beginnen, sich gegenseitig zu würdigen und zu segnen, um dann den beiden verlobten jungen Frauen einen besonderen Wunsch für das gemeinsame Leben mit auf ihre Lebensreise zu geben.
Dieses schlichte Ausgerichtetsein auf segensreiche Worte und Handlungen hat eine so unglaublich tiefe Wirkung erzielt, dass offenbar alle im Raum auf ganz besondere Weise berührt werden konnten. Somit ist es möglich geworden, dass dieser Tag in sinnlicher Stimmung sowie in Liebe und Achtung vor dem Sein und diesem Leben verlaufen ist, und das gesamte Wochenende auf wirklich magische Weise und mit tiefer, friedvoller Stille seinen Abschluss findet.

Gleichzeitig erlebe ich bei unserer Abschiedsrunde ein lustvoll erfülltes Leuchten in den Augen der Anwesenden…

Laurin

Einer der acht männlichen Kursteilnehmer an diesem Wochenende, der diesen Ort mit strahlenden Augen verlässt, ist Laurin - jener junge Mann Mitte 30, der zu Beginn unseres Wochenendes unglaublich schüchtern wirkte und sich kaum mit einer der anwesenden Frauen zu sprechen getraute. Auch bei Männergesprächen schien er zurückhaltend und errötete ohne jeglichen Grund bei jeder kleinsten Gelegenheit. Zu unserem Workshop hatte ihn ein Arbeitskollege seiner Firma geschickt, wie er uns kurz in der ersten Vorstellungsrunde mitgeteilt hat. Bei all den Paarübungen, die wir anboten, wagte er niemals von selbst auf eine andere Person zuzugehen, sondern wartete immer, bis irgendjemand übrig blieb, um sich dann peinlich berührt mit gesenktem Kopf und errötend mit dieser Person - üblicherweise einer der in der Überzahl vorhandenen Frauen - zusammenzutun. Sigrid, eine forsche junge Frau nahm sich seiner an und ging am Samstag einige Male aktiv auf ihn zu, um ihn aus seinem Schneckenhaus herauszuholen, was Isaias und mich sehr freute, weil ihm diese Begegnungen mit ihr sichtlich guttaten und ihn ein wenig von seiner Verunsicherung befreiten. Am Ende dieses Tages wartete er darauf, bis alle anderen den Ort des Workshops verlassen hatten, um anschließend auf Isaias zuzugehen und um Hilfe zu bitten. Isaias vereinbarte mit ihm einen Coachingtermin im unmittelbaren Anschluss an unser Workshopende, am Sonntag um 17:30 Uhr, weil wir schon am Montag in der Früh weiter auf die Isla Mujeres fliegen sollten.

Nun ist es bereits 18 Uhr, Sonntag Abend, und ich unterhalte mich nach diesem außergewöhnlichen Workshoptag, an dem sich wirklich vieles ereignet hat, mit unserem jungen lesbischen Liebespaar Marie und Françoise, die mir wie neugeboren erscheinen. Sie sind voller Erleichterung und Freude und sehr dankbar für all das hier bei und mit uns Erlebte. Endlich wagen sie es, nach so vielen Jahren der Angst und Verheimlichung zu ihrer Liebe zu stehen und diese auch nach außen zu tragen. Ein wenig Sorge macht ihnen schon noch die Reaktion ihrer Eltern, die doch vermutlich bereits ahnen, was mit ihnen los ist, weil sie beide nie einen Freund wollten und ihre Eltern sogar in Paris alles getan hatten, um sie räumlich voneinander zu trennen. Ich gebe ihnen auf ihre Lebensreise mit, ehrlich und offen zu dem zu stehen, was ihnen am Herzen liegt und sich dabei in keiner Weise von ihren Eltern oder einem Priester ängstigen zu lassen. Es gäbe keine göttliche Strafe für die Liebe zweier Menschen und es sei schon schlimm genug, dass in der Umgebung ihrer Kindheit ein junger Mann offensichtlich grausam misshandelt worden ist und nun nicht mehr fähig sein kann, ein glückliches Leben zu führen. Sie meinen, sie wollen so bald wie möglich auch heiraten, was in ihrem Land, seit Mai 2013 sogar gesetzlich genehmigt wurde. Ich gebe diesen beiden knapp 21-jährigen jungen Frauen meinen Segen mit auf ihren Lebensweg und bitte sie zum Abschied, mir eine Nachricht zukommen zu lassen, wie bei ihnen alles weitergegangen ist.

Nun ist es hier ganz ruhig geworden. Ich gehe noch einmal durch den Gruppenraum, um unsere restlichen Dinge einzusammeln und mich für dieses wunderbare Wochenende in einer kurzen stillen Meditation zu bedanken. Immer wieder dringen die beiden Männerstimmen zu mir herüber und ich bin mir sicher, dass mein geliebter Isaias diesem jungen unsicheren Mann gut helfen kann.

‚Es ist schon unvorstellbar, was Menschen anderen Menschen alles antun können - wie viele daran zerbrechen und niemals ihr eigenes Leben leben, geschweige denn genießen können. Ich bin unendlich dankbar dafür, wie gut es mir

über Jahre - ja Jahrzehnte - gelungen ist, mich von all den Schatten und Schmerzen meiner eigenen traumatischen Vergangenheit zu befreien und endlich frei zu sein für eine so wunderbare gelebte Liebe, wie ich sie jetzt erfahren darf. Und damit kann ich jetzt auch noch anderen Menschen ein Vorbild und eine Begleiterin sein. Es kann wahrlich jedes Trauma überwunden werden, wenn man bereit ist aus der Rolle des Opfers auszusteigen und sich ganz dem Jetzt hinzugeben, mit all den wunderbaren Möglichkeiten, die das Leben doch zu bieten hat. Meine Güte - wenn ich damals auf La Gomera wirklich im Atlantik gestorben wäre! Niemals hätte ich mehr mein Muttersein so genießen können wie in den letzten Jahren und niemals wäre ich meiner zweiten großen Lebensliebe - er ist sicher mein Seelenpartner - begegnet...'

So in meinen Gedanken versunken - mit Tränen in den Augen - höre ich die Türe des Nebenraumes aufgehen und die beiden Männer scherzend und lachend herauskommen. Ein Lächeln überkommt mich - vor Dankbarkeit und Freude, und ich gehe hinaus, um mich von Laurin zu verabschieden. Ich blicke diesem jungen Mann in die Augen und sehe, wie sie meinem Blick strahlend und offen standhalten, ihn sogar erwidern. Er lässt sich zum Abschied von mir auch eine Umarmung geben, in der er plötzlich ganz weich und sanft wird - seine gesamte körperliche Anspannung lässt nach. Mit aufrechtem Gang und federndem Schritt verlässt er diesen Ort, während ich meinem Geliebten erleichtert und wie so oft zu Tränen gerührt in die Arme sinke.

Innig und liebevoll hältst du mich in deinen Armen und wartest, bis in meinem aufgewühlten Herzen wieder Ruhe einkehrt. Dann beginnst du mich zärtlich und hingebungsvoll zu küssen, sodass ich das Gefühl habe, zu zerschmelzen und einfach zu sinken … in einen Strudel der Glückseligkeit, der mich erfasst und in unendliche Weiten trägt. „Isaias, Isaias, mein Geliebter, danke, dass du in meinem Leben aufgetaucht bist - danke für dieses Leben mit dir.“ Weinend und gleichzeitig von einem freudvollen Lachen erfüllt, blicke ich dir in deine wunderschönen dunklen Augen und versinke darin. Wieder ziehst du mich an dich, ganz nahe an deinen herrlich duftenden Männerkörper, um mich erneut zu küssen, so zart und zugleich sinnlich, dass ich in einen weiteren Wirbel der Ekstase tauche. Unverzüglich erlebe ich das Gefühl, ganzkörperlich mit dir zu verschmelzen und die Sehnsucht, dich nun nur mehr tief in mir zu spüren…
Ein kurzes Räuspern lässt uns voneinander lösen. Die Vermieterin des Seminarhauses lächelt uns verlegen an und entschuldigt sich für die Störung. Gleichzeitig beginnen wir alle drei

herzlich zu lachen, erledigen noch die letzten Formalitäten und werden anschließend von ihr in unser nahegelegenes Hotel gebracht. Wir bedanken uns für die wunderbaren Räumlichkeiten, die sie uns für dieses Wochenende zur Verfügung gestellt hat und verabschieden uns mit der Gewissheit, in ihrem Haus in Zukunft weitere Workshops abzuhalten.

Gleich im Anschluss nehmen wir eine herrliche Dusche, aus der du mich liebevoll hinausträgst, um danach unverzüglich und begehrlich tief in mich einzudringen. Wie sehr habe ich mich danach gesehnt … vollkommen von dir durchdrungen zu werden, um mit dir gemeinsam den Gipfel unserer Ekstase zu erklimmen. Nach einem herrlichen Spiel unserer Lust und der Erlösung in der Unendlichkeit multipler gemeinsamer Höhepunkte lösen wir uns sanft und tief erfüllt. Scherzend und heiter gehen wir nach dieser lustvollen Begegnung Hand in Hand in das Hotelrestaurant, wo wir ein köstliches Dinner einnehmen, während du mir nun ein paar wesentliche Dinge über Laurin erzählst.

Laurin ist als einziger Sohn in einem kleinen Bergdorf aufgewachsen, in dem er ab seinem zehnten Lebensjahr mit der Mutter alleine lebte, weil der Vater in einer Nacht- und Nebelaktion mit einer anderen Frau nach Hamburg gegangen war und mit dieser dort eine neue Familie gegründet hatte. Von der Mutter hörte er immer nur die schlimmsten Dinge über den Vater, bis sie ihm auch verbat, noch einmal nach ihm zu fragen oder ihn überhaupt zu lieben. Sie meinte, er sei ein *Arschloch* wie alle Männer, die die Frauen nur ruinierten und sie mit ihren Kindern sitzen ließen. Ihr Lebensauskommen hatten sie durch einen Halbtagsjob seiner Mutter beim kleinen Lebensmittelladen im Dorf und durch Putzarbeiten, die sie in Wohnungen und Häusern der nahegelegenen Stadt verrichtete. Als sie ihn eines Tages in seinem Zimmer - er war damals 13 - beim Onanieren erwischte, beschimpfte sie ihn aufs Wüsteste, meinte, dass ihm *das Ding abgeschnitten gehöre* und er offensichtlich ebenso ein *Schwein* sein würde wie sein Vater, wenn er dies noch einmal täte. Sie brach dann in Tränen aus und verlangte von ihm, ihr zu versprechen, sie niemals zu verlassen, weil sie doch überhaupt nur für ihn lebte. So kam es dazu, dass er tatsächlich bei seiner Mutter blieb, niemals wagte sich mit Mädchen zu treffen und einen Job als Haustechniker bei einer Firma in der nahegelegenen Stadt annahm, wohin er täglich pendeln musste. Als er es dann doch manches Mal wagte mit Arbeitskollegen nach der Arbeit etwas trinken zu gehen, machte ihm die Mutter die größten Vorwürfe und meinte, er wäre genau so schlecht wie der Vater, und könne sie doch nicht so sehr im Stich lassen. Ein Ende fand das alles, als er sie eines abends, an dem er es doch wieder einmal gewagt hatte, etwas länger auszubleiben, bei seiner Rückkehr um 22 Uhr erhängt auf dem Dachboden des kleinen Häuschens vorfand. Im Abschiedsbrief hatte sie gemeint, dass sie dieses Opfer für ihren undankbaren Sohn nun nicht mehr weiter erbringen könnte und es nicht mehr schaffte, am Leben zu bleiben…

Laurin war mit seinen 34 Jahren immer noch Jungfrau und hatte nie wieder gewagt, sich selbst zu berühren, nachdem ihn seine Mutter damals erwischt hatte. Nach ihrem Tod fühlte er sich schuldig und für ihr Sterben verantwortlich. Erst durch eine erste therapeutische Intervention, zu der ihn der Hausarzt vermittelt hatte, war es ihm möglich geworden, seine Schuldgefühle ein wenig abzulegen und in Folge das Haus zu verkaufen, um in die kleine nahegelegene Stadt zu ziehen. Das Ganze geschah vor etwas mehr als zwei Jahren. Da er es dann aber in der alten Umgebung nicht mehr aushielt, zog er vor einem Jahr nach Augsburg, wo er sehr schnell eine Arbeit fand und sich ein wenig von allem, was passiert war, erholen konnte. Dort hatte er auch einen Kollegen kennengelernt, mit dem er sich langsam ein wenig anfreundete und der derjenige war, der ihn zu uns geschickt hat.

Als er gestern kurz mit Isaias redete, bat er ihn um Rat, weil Sigrid ihn gefragt habe, ob er nicht mit ihr am Abend noch etwas trinken gehen wolle. Diese Frage hatte ihn so sehr verunsichert, dass er nicht wusste, wie er

reagieren sollte - sie hatte ihm auch ihre Telefonnummer gegeben. Isaias meinte, er solle es einfach wagen und sich mit ihr treffen. Tatsächlich hatten sie sich danach getroffen, was damit endete, dass Sigrid ihm zum Abschied einen Kuss gab, der ihn sehr verwirrt aber auch erregt hatte. Dieser Abend hatte dazu geführt, dass er sich wünschen würde, sie wieder zu treffen.
Isaias konnte ihm heute nur Mut machen, sich auf dieses *Wagnis Frau* einzulassen. Er vermittelte ihm, sich von der Annahme als Mann wertlos zu sein zu verabschieden und zu beginnen, sein Leben zu leben und dabei ganz seinem Herzen zu folgen. Außerdem hat er ihm unbedingt geraten zu einem Coachingtermin zu Klaus Medicus *(Quanten-Intelligenz)* zu gehen und sich von diesem Mann weiterhelfen zu lassen, um frei zu sein für viele schöne Erfahrungen in diesem Leben. Außerdem ermutigte er ihn, vor allem auch zu wagen, sich auf Lust und Sinnlichkeit einzulassen und ihm unbedingt einen Brief zu schreiben, um darüber zu berichten, was er dabei Neues erleben konnte. So gab er ihm unsere Adresse von Mexiko.

Tatsächlich bekommt Isaias knappe drei Monate später auf der Isla Mujeres einen Brief von Laurin:

Lieber Isaias,
es ist eine echte Überwindung solche Sachen zu

schreiben aber es ist so vieles seit unserer Begegnung passiert. Eigentlich bin ich ja kein Briefschreiber, noch dazu über Sex … aber ich will Dir das einfach alles berichten.
Ich habe das Gefühl, ein neuer Mensch zu sein! Nicht nur, dass ich endlich nach über 20 Jahren wieder meinem Vater begegnet bin, der mich mit offenen Armen und Freudentränen aufgenommen hat (das ist eine eigene Geschichte), bin ich jetzt tatsächlich mit Sigrid zusammen gekommen. Ehrlich gesagt weiß ich nicht, was diese tolle Frau eigentlich an mir findet, aber sie hat einfach nicht locker gelassen und mich bei jeder Begegnung immer mehr geöffnet. Ich habe den Mut gehabt, ihr bei unserer zweiten Begegnung zu sagen - so wie Du mir geraten hast, mit offenen Karten zu spielen -, dass ich noch nie Sex gehabt habe. Zuerst wollte sie es einfach nicht glauben, aber da sie ja meine große Unsicherheit mitbekommen hatte, vertraute sie meinen Worten. Sie hatte zuerst geglaubt, ich hätte eine große Enttäuschung erlebt und sei deswegen so verschlossen gewesen. Zuerst hatte ich große Angst, sie könnte meine Beichte zum Anlass nehmen, einfach zu verschwinden, weil sie mit einem unerfahrenen Mann nichts zu tun haben wollte, aber das Gegenteil war der Fall. Sie wurde von diesem Moment an noch achtsamer im Umgang mit mir, sodass ich ganz bald alle meine Unsicherheiten fallen lassen konnte und mir so sehr wünschte, ihr näher kommen zu

können. Vor einem Monat meinte sie am Telefon, für uns ein Abendessen kochen zu wollen. Du kannst Dir vorstellen, wie aufgeregt ich war, in ihre Wohnung zu kommen. Schon beim Gedanken daran bekam ich schweißnasse Hände und begann wie Espenlaub zu zittern. Glücklicherweise hatte ich meinen zweiten Coachingtermin bei Klaus am Tag unserer Begegnung und der half mir enorm. Also besorgte ich einen schönen Blumenstrauß und ging zu ihr - ein wenig knieweich war ich schon, als ich vor ihrer Türe stand. Als sie diese öffnete und mich mit ihren schönen lachenden Augen anstrahlte, war alle Angst dahin. Über die Blumen hat sie sich sehr gefreut. Der Tisch war total schön gedeckt und es roch so ganz nach ihr und nach gutem Essen. Und dann ging plötzlich alles wie von selbst. Als ich sie so in der Küche stehen sah - wunderschön in ihrem Kleid und ihren langen blonden Haaren, hatte ich das Bedürfnis sie einfach von hinten zu umarmen - ich wagte es und sie drehte sich abrupt um, um mich auch zu umfassen. Dann begann sie, mich leidenschaftlich zu küssen. Meine Güte, war das aufregend - plötzlich ganz anders als die Küsse bei den letzten Malen. Ich spürte meine starke Erregung in meiner Hose und irgendwie war es mir unglaublich peinlich. Als ich aber merkte, wie sie sich noch mehr gegen mich drückte, und es richtig genoss meinen erigierten Penis an ihrem Schenkel zu spüren, nahm ich allen Mut zusammen und legte meine Hand auf eine ihrer

Brüste. Mein Gott, das war ein Gefühl, diese schöne feste Brust in meiner Handwölbung zu spüren, und auch sie schien es zu genießen, weil ihr Atem ganz intensiv wurde, während sie sich noch mehr an mir rieb. Ich hatte echt Angst, zu kommen, habe ich doch erst nach Eurem Workshop wieder angefangen, mich selbst zu berühren und zu befriedigen, und ich war mir nicht sicher, ob ich mich beherrschen könnte. Ich wollte alles andere als einen Fleck auf meiner Hose haben. Deswegen musste ich zurückweichen und kurz Luft holen. Sie bemerkte vermutlich meine Unsicherheit, war aber so respektvoll, es einfach zu übergehen und bloß lachend zu sagen: „Bin ich froh, dass du jetzt verhindert hast, dass unser Essen anbrennt.“ Ich war erst erleichtert! Dann genossen wir dieses tolle Essen bei guter Musik und in prickelnder Atmosphäre.

So, und jetzt wird´s erst richtig heftig … ich trau mich, Dir das alles mitzuteilen, weil Du gemeinst hast ich kann bei Dir üben, über solche Dinge zu sprechen…
Anschließend kam Sigrid endlich zu mir - ich hätte mich nicht nochmals getraut - nahm meine Hand und führte mich in ihr Schlafzimmer, das in ganz sanftes Licht gehüllt war. Mein Herz schlug bis zum Hals, aber sie fing nur an, mein Gesicht vorsichtig zu berühren und mich ganz leise zu fragen: „Möchtest du mich lieben?“ Ich stotterte: „Und wie gerne, aber ich …“ In

diesem Moment legte sie mir ihren Finger auf meine Lippen und begann mich auszuziehen, um mich dann zu bitten, mit ihr dasselbe zu tun. Ich tat es mit zitternden Händen, bis diese schöne Frau nackt vor mir stand und mein Penis - aus dem Nichts - vollkommen steif wurde. Als ich meine Hand darauflegen wollte, kam sie zu mir, begann meinen Brustkorb zu küssen, hinunter zu meinem Nabel zu gleiten und weiter nach unten, bis sie plötzlich meinen Penis vorsichtig in ihre Hände nahm und die Eichel langsam mit ihrer Zunge umkreiste. Es war ein unbeschreiblich warmes Gefühl, das sich in meinem Körper ausbreitete und ich merkte wie mein Atem anstieg. Fassungslos blickte ich zu diesem Engel nach unten, zu dieser aufregenden Frau, die zu mir herauf lächelte, dann aufstand und sich aufs Bett legte. Langsam spreizte sie ihr Beine und ich sah diese wunderschöne rosige Vagina vor mir, die ganz glänzend war und pulsierte. Sie meinte: „Magst du sie berühren?“ Ich wieder: „Wie gerne, aber…“ „Mach es einfach nach deinem Gefühl.“ So kniete ich mich zwischen diese wunderschönen Beine und streichelte entlang ihrer Schenkel nach oben, bis ich vorsichtig mit einer Hand dieses Paradies zu erforschen begann und einfach meinem Gefühl folgte, mich langsam weiter vor wagte, plötzlich mit meinem Mund darauf lag und mit meiner Zunge darin versank, während sich diese schöne Frau mir entgegenwand und lustvoll aufstöhnte. Es war unbeschreiblich … ich hatte das Gefühl, sie würde noch stärker anschwellen - schon merkte ich, wie alles unter meinem Mund heftig zu pochen begann und Sigrid laut atmend und stöhnend anfing zu zucken. Es war ein göttlicher Moment. Ich rutschte dann zu ihr nach oben und blickte in unglaublich strahlende Augen, um schon im nächsten Moment ihre vollen Lippen zu küssen und mich von ihren Händen führen zu lassen, über ihre Brüste, ihre harten Brustwarzen, bis sie sich mir entgegenwand und mich bat, in sie einzudringen. Oh mein Gott, ich versank in dieser Pforte zum Paradies … und wollte daraus nie mehr auftauchen…

Isaias, es war unbeschreiblich und ich konnte ganz lange durchhalten, ohne zu kommen - ich blieb immer mit ihr - jeden Moment. Wie froh war ich für all die Atem- und Achtsamkeitsübungen, die ich bei Euch gelernt hatte.
Seither sind wir ein Paar und ich bin der glücklichste Mann, den es geben kann - ich habe eine Frau und meinen Vater gefunden - all das in so kurzer Zeit. Meine heurige Jahreswende verbrachte ich mit Sigrid bei der Familie meines Vaters, in der wir beide wie selbstverständlich aufgenommen wurden. Jetzt weiß ich endlich, was es wirklich bedeutet, zu leben.

Ich danke Dir und Deiner liebevollen Frau - Ihr seid ein perfektes Team!

Liebe Grüße
Laurin

Nochmals liest du diesen wunderbaren Brief - diesmal laut, damit auch ich erfahren kann, wie es Laurin ergangen ist. Beide sehen wir uns tief berührt und mit tränenfeuchten Augen an.

Es können wahrlich Wunder in diesem wundervollen Leben geschehen.

Sara

Es ist unglaublich, wie viele Wunder das Leben bereithält, wenn man sich ihnen öffnet. In der Zeit zwischen unserer Abreise von Deutschland und dem Brief, den Isaias von Laurin erhalten hat, ist hier auf unserer schönen Insel auch viel Wunderbares passiert. An einem schönen Dezemberabend sitze ich hier beim Maya-Tempel am südlichsten Punkt der kleinen Insel, blicke auf das Meer hinaus und lasse die letzte Zeit in meinen Gedanken vorüberziehen:

>>Wir sind Mitte November auf der Insel angekommen und ich genoss es, nach den ersten Tagen des Auspackens und der Umstellung auf die sieben Stunden Zeitverschiebung, wieder in unserem von Daniel sehr extravagant umgebauten Haus zu sein. Von unserer Dachterrasse haben wir einen Blick aufs Meer zu beiden Seiten, so schmal ist die Insel hier im Süden. Es war einfach herrlich, nur entspannen zu können und Zeit mit meinem geliebten Mann zu verbringen. Die ersten Tage

machten wir nichts anderes, als zwischen Meer und unserem Bett hin und her zu pendeln, uns stundenlang unserer Liebe hinzugeben und Freunde zum Dinner zu treffen. An einem Abend kochte meine wunderbare Freundin und „spirituelle Mutter“ Susan eines ihrer einzigartig genialen Essen, zu dem sie als große Überraschung auch Albaluz mit ihrem neuen Freund William aus Texas eingeladen hatte. Albaluz, meine Vermieterin in meinen vor knapp drei Jahren hier verbrachten sechs Monaten, die damals zu einer lieben Freundin wurde, strahlte so wunderschön und glücklich, wie ich sie zuvor nie gesehen hatte. Und dazu William, der mir in meinem letzten Monat bei meinem Inselaufenthalt begegnet war und mir damals eine der wichtigsten Botschaften vermittelt hatte, die ich für meinen damaligen neuen Weg benötigte. Er meinte sehr streng: „Never date a married man or any man who is not free for you!“ Das saß und ich ließ mich tatsächlich auf niemanden mehr ein, der nicht frei war. Meine innere Ausrichtung wurde einfach so sicher, dass ich tatsächlich sehr bald darauf Isaias begegnen durfte. Jetzt sind genau die beiden ein Paar geworden - ich hätte mir diese Konstellation schon damals gut vorstellen können. Wie sehr ich mich darüber freue, kann ich gar nicht sagen. An diesem Abend besprachen wir ein wenig unseren Ablauf des Workshops im Januar, bei dem Richard und Susan aus ihrem großen Erfahrungsschatz ihrer so außergewöhnlichen Beziehung sprechen werden. Am Ende unseres gemeinsamen Abends meldeten sich die „Frischverliebten“ ebenfalls für unseren Workshop an.

In der letzten Novemberwoche erhielt ich einen Skypeanruf von meiner Freundin Laura, die ganz atemlos vor Aufregung schien: „Magdalena, stell dir vor ich bin schwanger! Ich habe kurz nach dem Workshop bei euch die Pille abgesetzt, weil Thomas meinte, es sei jetzt doch an der Zeit, ein Kind unserer Liebe zu bekommen. Er war wie verwandelt und ganz offen, seit wir bei euch waren und dann geschah es tatsächlich … ich bin schwanger, stell dir das vor! Ich habe damit echt schon abgeschlossen, und jetzt werde ich doch noch Mutter. Offenbar hat es einen Sinn gehabt, dass ich mir nicht gleich einen neuen Hund angeschafft habe, weil ich noch einfach eine Trauerzeit haben wollte nach dem Tod von meinem Bubi … und jetzt das, ich pack´s gerade selbst irgendwie nicht. Und weißt du, wann es kommen wird - im August. Mein Geburtstagsgeschenk zu meinem runden Geburtstag. Mein Gott, hoffentlich geht alles gut … ich bin ja nicht mehr die Jüngste.“ Laura war gar nicht mehr zu bremsen, in ihrem Redefluss, aber ich beruhigte sie: „Das geht ganz sicher gut, vor drei Jahren hat meine Freundin Clara ihr Baby mit 40 bekommen und es war kein einziges Problem in der gesamten

Zeit aufgetreten, weder während ihrer Schwangerschaft noch bei der Geburt. Meine Güte, wie ich mich für dich freue - endlich kann sich dein großer Wunsch erfüllen.“

Nach unserem erfreulichen Telefonat versank ich ein wenig in meine Gedanken: ‚*Wie interessant - drei Freundinnen von mir bekamen innerhalb weniger Jahre ihre Babys, eine mit 40, eine mit 38, eine war noch um einiges jünger, und jetzt schon bald die vierte mit 40... Echt spannend, dass mein Kind damals, als ich 40 war, nicht bei mir bleiben wollte. Woran das wohl lag? Ich rauche nicht, trinke nicht ...na ja ganz selten ein Gläschen mit meinem geliebten Isaias. Aber damals nie. Wie das Leben so spielt... ich hätte es vermutlich nur schwer geschafft, noch ein drittes Kind allein aufzuziehen. Mein bester damaliger Freund wäre der Vater gewesen. So habe ich einen Freund und ein Kind verloren. Wie sonst wohl mein Leben verlaufen wäre? Unglaublich, wie oft das Schicksal unseren Weg leitet... meine Sara Suraya Maria Magdalena, das war der Name, den ich ihr für die wenigen Wochen in meinem Bauch gegeben hatte, wäre jetzt auch schon 13 Jahre alt...*‘<<

Kurz nach Sonnenuntergang, den ich heute hier allein verbracht habe, spaziere ich nun erfüllt und dankbar zurück nach Hause. Isaias ist bei einem Treffen mit anderen Männern, die ein

Projekt für die Insel geplant haben und ihn um seinen Rat fragen wollten. Ich bewege mich auf die Statue von der Göttin Ixchel zu, zu der ich in ihrer Funktion als *Göttin der Liebe* oftmals um die Begegnung mit meiner Lebensliebe gebetet habe, als ich meine Auszeit hier auf dieser Insel verbrachte. Plötzlich vernehme ich ein leises Schluchzen. Am Boden, an die Wand gelehnt, kauert ein junges Mädchen, zu dem ich mich instinktiv hingezogen fühle und hinunterbeuge, um ihr meine Hilfe anzubieten. Als sie mich mit großen verweinten Augen anblickt, erstarren wir beide für einen Moment - es ist Sara, eine ehemalige Schülerin von mir, die ich in meinem letzten Schuljahr, bevor ich mein freies Jahr genommen habe, nicht nur unterrichtet, sondern auch menschlich auf besondere Weise betreut habe. Wir sind beide für einen kurzen Moment sprachlos - ich besonders, weil Sara gar nicht gut aussieht. Sie scheint Drogen genommen zu haben, wie ich an ihren erweiterten Pupillen im Scheinwerferlicht des Leuchtturmes erkennen kann. Sie wirkt auch sonst recht verwahrlost und vollkommen verzweifelt. Ich habe den Eindruck, dass es sie beschämt, von mir so gesehen zu werden. Ohne zu zögern, ziehe ich dieses junge Mädchen bloß zu mir hoch und nehme Sara in meine Arme, was sie nun erneut in Tränen ausbrechen lässt. Auf meine Frage, wo sie hier wohne, meint sie: „Mal da mal dort, im Moment weiß ich nicht mehr wirklich wo…“ Ihren Rucksack habe sie im Haus irgendwelcher Freunde untergebracht. Ihr Freund sei gestern wortlos verschwunden und nicht mehr aufgetaucht. Ich nehme sie unverzüglich mit zu uns ins Haus, um mit ihr zu sprechen, ihr etwas zu essen zu geben und herauszufinden, was sie denn am meisten braucht. Isaias würde erst später nach Hause kommen, weswegen wir noch ein wenig Zeit für uns allein haben werden. Zu Hause angekommen schicke ich sie zuallererst in die Dusche, gebe ihr saubere Kleidung und richte uns ein Abendessen. Nach anfänglichem Zögern und weil sie irgendwann doch merkt, von mir nicht Verurteilung, sondern nur Mitgefühl erwarten zu können, beginnt sie zu erzählen:

„Weißt du, damals nach dem letzten Schuljahr kam eine Sozialarbeiterin in unser Haus, um mich mit Bescheid der Jugendwohlfahrt in eine betreute Wohngemeinschaft zu bringen. Ich war zuerst ziemlich sauer über deine Intervention und habe es irgendwie bereut, dir alles erzählt zu haben. Aber irgendwann später war ich dir dann total dankbar, endlich aus dieser Hölle zu Hause raus gekommen zu sein, nicht mehr jede Nacht meine Zimmertüre verrammeln zu müssen und mit der Angst, dass einer von ihnen kommen könnte *(gemeint waren ihr Vater, Großvater oder Bruder, von denen sie seit ihrem siebten Lebensjahr sexuell missbraucht worden war, wie ich damals in diesem Schuljahr erfahren hatte)*, schlafen zu gehen. Die Mädels dort waren zwar etwas schräg aber eigentlich auch nett, und die Betreuer und Betreuerinnen waren ganz ok, außer, dass wir echt eingeschränkte Ausgehzeiten hatten. Ich begann eine Lehre als pharmazeutisch-kaufmännische Assistentin und irgendwie hat mir das ganz gut gefallen. Meine Mutter konnte ich mit Begleitung treffen, meinen Vater durfte ich nicht sehen - da waren sie wirklich dahinter. Als ich 18 wurde, musste ich dort raus und im dritten Lehrjahr war es mir finanziell möglich, eine kleine Wohnung mit meiner Freundin zu nehmen. Außerdem mussten meine Eltern dazuzahlen. Dann habe ich vor einem halben Jahr Manuel getroffen und mich in ihn verliebt. Er hat mich dazu überredet, wieder zu kiffen und gemeint, ich solle mit ihm nach Kalifornien fliegen, weil dort das große Geld auf uns wartet. Daraufhin habe ich alles hingeschmissen und bin mit ihm mitgeflogen, um dort bei der Marihuana-Ernte echt viel Geld zu verdienen. An diesem Platz haben wir andere kennengelernt, die meinten, wie cool das Leben auf der Isla Mujeres sei, weswegen wir dann nach der Ernte, bei der ich echt einige Tausender verdient habe, hierher geflogen sind. Das war jetzt vor drei Wochen, und gestern ist Manuel einfach mit einer Mexikanerin, die er letzte Woche kennengelernt hat, abgehaut. Vorher hat er noch gemeint, ich soll nicht mehr auf ihn warten - er hat geplant, mit ihr nach Mazunte zu ziehen und zu sehen, was er dort weiter machen kann. Im Moment weiß ich einfach nicht, was ich tun soll. Zurück kann ich nicht, und was ich hier tun soll - keine Ahnung. Ich kenn ja nicht wirklich jemanden …“

So hat uns das gemeinsame Schicksal unserer ähnlichen traumatischen Vergangenheit offensichtlich ein weiteres Mal zusammengeführt. Als ihre Lehrerin konnte ich ihr damals nur beschränkt helfen, diesmal scheint es eine weitere Chance zu geben, diesem Mädchen hilfreiche Unterstützung auf ihrem Weg zu geben - wie weiß ich allerdings noch nicht. Auf jeden Fall biete ich ihr an, fürs Erste bei uns zu bleiben und sich einmal hier in unserem Zuhause zu erfangen. Isaias findet uns bei seinem Heimkommen zusammengekuschelt auf der Dachterrasse. Es ist bereits völlig dunkel, bloß der Mond leuchtet hell vom Himmel. Ich stelle die beiden einander vor und erkläre meinem wunderbaren Mann die Situation - ich wusste schon zuvor, er würde es genauso machen wie ich. Herzlich heißt er das immer noch ein wenig verstörte Mädchen willkommen.
Am Abend, nachdem Sara erschöpft ins Bett gefallen ist, liegen wir beide Arm in Arm in unserem Bett mit Blick auf den strahlenden Himmel. Nun erzähle ich dir von Saras Geschichte, und meine, wie wichtig es mir ist, dieses Mädchen nicht fallen zu lassen. Es ist mir ein großes Anliegen, ihr zu helfen, damit sie

aus ihrem Trauma befreit in ihr Leben gehen kann. Wie sehr hätte ich mir das in meinem Leben gewünscht - schon viel früher frei von all dem Schmerz meiner eigenen Vergangenheit zu sein, um einmal in einer erfüllten Beziehung und in meiner Berufung leben zu können. Mir ist es gegeben, es nun endlich zu erfahren, und damit scheine ich diesen Weg auch für ein junges Mädchen bereiten zu können. Wortlos drückst du mich an dich und küsst zärtlich meine Stirn. *‚Ich bin dir unendlich dankbar für deine Unterstützung, mein Geliebter. So wie auch Susan, die ebenfalls diese Vergangenheit kennt, mir einst für kurze Zeit eine wunderbare Wegbereiterin zu einer glücklichen Beziehung geworden ist, darf nun ich diese Möglichkeit Sara anbieten...‘* Mit diesen Gedanken bin ich in deinen Armen eingeschlafen…

Es fügt sich danach alles wie von selbst.
Gemeinsam holen wir am nächsten Tag Saras Sachen aus dem Haus ihrer „Freunde“ in den *Colonias* und ich gebe ihr die Möglichkeit, bei uns zu wohnen, bis wir eine Lösung für sie gefunden haben. Ihr Geld von der *Ernte* bewahre ich für sie auf. Ich bin unglaublich erstaunt, dass man dabei so viel verdienen kann - das wurde mir hier auf der Insel schon von einigen anderen zuvor auch erzählt. Anfangs fällt es ihr ziemlich schwer auf Marihuana zu verzichten, weswegen ich ihr aus einer sicheren Quelle helfe, gute Qualität zu bekommen, in der

Hoffnung ihr beim Übergang, es ganz sein zu lassen, helfen zu können. Es ist wunderbar, zu erleben, wie dieses 19-jährige Mädchen von Tag zu Tag aufblüht und tatsächlich zu allem bereit ist, was ich ihr anbiete. Ich genieße es, hier eine mütterliche Rolle übernehmen zu können, und Susan steht uns beiden ebenfalls sehr zur Seite. Wir machen gemeinsame Yogaübungen im Haus und sie begleitet mich zu meinen beiden Yogaeinheiten, die ich hier anbiete, sowie zu meiner Frauengruppe, die ich mit Anfang Dezember wieder einmal wöchentlich zu halten begonnen habe. In dieser Gruppe geht es primär um die Akzeptanz sich selbst und anderen gegenüber, um Selbstliebe, Weiblichkeit und die eigene Sinnlichkeit. Sara ist unglaublich offen und bereit, mit mir Meditationen und Atemübungen zu machen und sich von mir über ein Ritual in ihre *„geheilte-heilige- weibliche Sexualität"* einweihen zu lassen. Wir gestalten diese kleine Zeremonie in der Höhle beim Tempel, wo uns auch andere Frauen begleiten und unterstützen - in der Neumondnacht kurz vor Weihnachten. Ich helfe Sara intensiv dabei, das Vergangene im Jetzt, durch meine Achtsamkeit, mit Energiearbeit und die einfache Methode der *Quanten-Intelligenz,* zu verwandeln. Vor allem unterstütze ich sie mit meiner Liebe und Weiblichkeit, damit sie fähig sein kann, eine gesunde Beziehung und erfüllte Sexualität zu erleben. Ich bin verblüfft, wie offen ich mit diesem Mädchen über Sex reden kann. Sara hilft fleißig im Haushalt mit und freut sich auf ein weiteres gemeinsames Weihnachtsfest mit mir und meiner Familie. An das damalige, das sie in ihrem Schuljahr bei mir verbracht hat, erinnern wir uns beide nicht allzu gerne. Sara hat damals heimlich bei mir im Badezimmer zwei Ecstasy Tabletten eingenommen - eine Situation, die vor allem mich ziemlich überfordert hat.

Inzwischen hat sie auch Albaluz kennengelernt, die durch ihr neues Leben mit William nun bald in mehreren Häusern in Texas Dallas, in Florida und auf der Isla Mujeres leben wird und dringend eine fixe Haushaltshilfe hier auf der Insel benötigt, die alles in ihrer Abwesenheit versorgen kann. Inzwischen ist auch ihre Mutter mit ihrer Schwester hierher in ihr Haus gezogen, weshalb diese Frauen Hilfe benötigen würden. Ich bitte Albaluz darum, Sara in den Weihnachtstagen aufzunehmen, weil mein Haus voll sein würde. Diese Gelegenheit nutzen die beiden, einander besser kennenzulernen und die Möglichkeit ins Auge zu fassen, Sara im Haus zu behalten. Nicht nur das - Sara lernt in den Weihnachtsferien auch Williams jüngsten Sohn Christopher kennen, der sich unverzüglich in sie verliebt und mit ihr eine intensive Liebesaffäre beginnt.

In der Zeit vor und nach Weihnachten ist hier bei uns allen auf der Insel unglaublich viel los - unsere Kinder, viele Kinder von Susan und

Richard mit deren Kindern und auch Williams Kinder aus seiner ersten Ehe kommen auf Besuch - Christopher sowie die beiden älteren mit Partnern und eigenen Kindern.
Unser Jahreswechsel wird zu einem Fest für viele Generationen. Ich fühle mich unbeschreiblich glückserfüllt wie nicht oft zuvor in meinem Leben. Endlich kann ich erfahren, was es wirklich bedeutet, ein Familienleben zu genießen und dennoch erfüllte Zweisamkeit erleben zu können. Wir feiern diesen Übergang ins neue Jahr im *Fenix,* diesem wunderbaren Restaurant am Strand des Playa Norte, an dem ein riesiges Lagerfeuer am Sandstrand entzündet wird, um das wir alle gemeinsam tanzen - die Dreijährigen bis über 70-jährigen - einfach unglaublich berührend.

Für uns alle beginnt dort ein Jahr voller Leichtigkeit und großer Freude.

Sara scheint mir an Christophers Seite richtig aufzublühen, doch immer wieder sehe ich einen Schatten der Angst in ihren Augen. Als ich sie darauf anspreche meint sie, dass er sich von ihr wünsche, mit ihm mitzukommen, um einander besser kennenzulernen und die Liebe zu vertiefen. Er hat nun schon ihretwegen seinen Aufenthalt auf der Insel um zwei Wochen verlängert, was er sich als Student leisten konnte. Er meinte, sie könne in den Häusern des Vaters als Haushaltshilfe arbeiten, was ihr ein eigenes Einkommen ermögliche. Ich merke, wie sehr sie es sich wünscht und doch unendlich Angst davor zu haben scheint, wurde sie doch erst vor kurzer Zeit so schändlich verlassen. Sie erlebt unendliche Ängste, wieder verlassen zu werden, und ich verstehe dieses Mädchen nur allzu gut. Im Moment ihrer Erzählung erinnere ich mich an wunderbare Bücher, die ich bei meinem ersten Aufenthalt hier gelesen habe - sie waren von *Manfred Miethe* und haben mir essenzielle Botschaften für meinen Weg vermittelt. Da seine Bücher nur als E-Books zu bekommen sind, schenke ich Sara einen E-Book-Reader mit dem heruntergeladenen Buch von diesem Autor *Trennung - Ein neuer Anfang* und lese ihr folgende Worte daraus vor:

"*Das Schlimmste, was wir im Verlauf einer Trennung tun können, ist, unser Herz zu verschließen. Aber genau das tun wir oft aus Angst, wieder verletzt zu werden. Doch nur ein Herz, das sich verschlossen hat und sich an die "gute alte Zeit" klammert, kann unter dem Ansturm schmerzhafter Gefühle brechen. Ein Herz, das offen ist und bereit, sich immer und immer wieder zu verlieben, kann nicht brechen, da es dem Schmerz keinen Widerstand entgegensetzt. Trennungen sind schmerzhaft, aber sie sind keine Katastrophen, da sie uns immer wieder die Gelegenheit schenken, uns neu zu entscheiden, welchen Weg wir auf der Reise zu*

unserer höchsten Bestimmung einschlagen wollen und wen wir als Begleiter dabeihaben möchten.
Wenn wir unserer Krücken beraubt werden, müssen wir lernen, auf eigenen Beinen zu stehen; wenn uns die scheinbare Sicherheit unter den Füßen weggezogen wird, müssen wir lernen, in uns selbst Sicherheit zu finden; wenn uns das Glück entzogen wird, müssen wir es in unserem eigenen Herzen suchen. Trennungen sind Anstöße, unser Leben zu überdenken, es zu verstehen, aus vergangenen Erfahrungen zu lernen, das hinter uns zu lassen, was uns nicht mehr weiterhilft, und uns auf das zu konzentrieren, was vor uns liegt. Wenn wir uns unserem Schmerz verschließen und dem ehemaligen Partner die Schuld an allem geben, werden wir uns unbewusst einen neuen Partner aussuchen, mit dem wir dieselbe Erfahrung noch einmal machen müssen. Wenn wir aber alle Gefühle zulassen und uns selbst gegenüber ehrlich sind, werden wir eine neue Beziehung eingehen können, die uns auf einer höheren Ebene befriedigt."

Gemeinsam weinen wir Tränen der Reinigung und ich verspreche Sara, sie in meinem Haus willkommen zu heißen, wann immer sie Hilfe braucht für ihren weiteren Weg.
Wegen ihrer Bedenken, nun auch Albaluz und ihre Familie im Stich zu lassen, kann ich sie beruhigen. Wir würden ganz sicher eine Hilfe

für die beiden Frauen finden.

So reisen die beiden Jungverliebten Mitte Januar ab, einen Tag bevor unser Workshop für Paare beginnt, an dem Christopher wegen der Anwesenheit seines Vaters mit Albaluz nicht teilnehmen möchte. Er meinte, sie könnten sich dann beide nicht gut auf den Prozess einlassen. Ein wahrlich weiser junger Mann mit seinen 23 Jahren.

Schon vier Tage später erhalte ich eine E-Mail von Sara, die mich tief berührt und so wunderbar mit dem harmoniert, was wir gerade in unserer Gruppe erfahren:

Meine liebe Magdalena,
du hast ja keine Ahnung wie glücklich ich bin und ich weiß, dass ich das alles dir zu verdanken habe. Ich hab ja nicht gewusst, was Liebe wirklich ist - jetzt glaube ich, endlich zu wissen, wie sich das anfühlt - nicht nur zu lieben, sondern auch geliebt zu werden. Chris geht so unglaublich respektvoll mit mir um, so etwas kenne ich überhaupt nicht. Er meint, das sei für ihn selbstverständlich, immerhin habe er es von seinem Vater gelernt, der seine Mutter niemals anders behandelt hat - bis zu ihrem Tod vor sieben Jahren. Magdalena, stell dir vor, ich erlebe auch richtig schöne, lustvolle Gefühle mit ihm. Eigentlich weiß ich ja nicht, ob ich dir das mitteilen kann, aber ich bin so aufgeregt

und immerhin hast du ja ganz offen mit mir über Sex gesprochen. Du weißt ja, dass ich immer eher Angst hatte Sex zu erleben und mich eigentlich nur zur Verfügung gestellt habe. Ich war es ja gewohnt, das tun zu müssen, was von mir verlangt wurde.
Aber vorletzte Nacht ist irgendetwas Besonderes passiert. Wir haben ja gerade das Haus von Will ganz für uns allein - ein echt geiles Luxushaus, sag ich dir, fast so schön wie eures auf der Insel. Plötzlich meinte Chris, er hätte eine Überraschung für mich vorbereitet. Ich habe mich am späten Nachmittag - kurz bevor es finster wurde - schon gewundert, warum er unter irgendeinem Vorwand dringend wegmusste, und dann plötzlich von der anderen Seite des Hauses zwei Stunden später wieder zurückkam. Also, um es kurz zu machen … er hat uns im Badezimmer seines Vaters, in dem es eine riesige Wanne mit Whirlpool gibt ein heißes Bad gerichtet, das ganze Badezimmer mit Kerzen beleuchtet und einen riesigen Blumenstrauß neben die Wanne gestellt. Außerdem stand dort noch ein Tischchen mit lauter kleinen Köstlichkeiten und ein kleines Päckchen mit einem Briefkuvert. Er hat mir vorher die Augen verbunden, mich hineingeführt und mir die Augenbinde erst wieder abgenommen, als ich vor all diesen Dingen stand. Ich hab es nicht glauben können - das alles für mich! Das hab ich doch gar nicht verdient, oder? Er meinte, er danke mir dafür,

dass ich für ihn aufgehört habe zu kiffen und wollte mir dafür ein Geschenk machen - weil ich so stark war. Gleich darauf begann er mich ganz vorsichtig auszuziehen und unglaublich sanft zu berühren - es hat mich am ganzen Körper geschauert und ich habe ein ganz starkes Prickeln wahrgenommen. Danach nahm er mich auf seine Arme, gab mir einen zarten Kuss und legte mich in das herrlich warme Schaumbad, um sich dann selbst zu entkleiden. Irgendwie war ich schon sehr verunsichert, ihn einfach so anzusehen, aber er gefällt mir richtig gut, sein schöner Körper. Und seinen harten Penis fand ich richtig aufregend, gar nicht bedrohlich. Langsam glitt er zu mir ins Wasser und drehte den Whirlpool an, um mich dann mit diesen Köstlichkeiten zu füttern. Ich sollte immer die Augen schließen und erraten, was es war, während im Rücken das Wasser so angenehm sprudelte. Mein Gott, war das aufregend und irgendwie spürte ich dabei plötzlich meine Lust kommen - so richtige Lust, wie ich sie noch nie gespürt habe. Er begann mich dann mit einer Massagebürste zu massieren und gleichzeitig zu küssen, zuerst meine Lippen, dann meine Brüste. Ich hab das so noch nie erlebt. Als er meine Brustwarzen zart küsste und ein wenig hineinbiss, fing mein Körper plötzlich zu zittern an. Er ließ sich nicht beirren und küsste mich zwischen all dem Schaum und Wasser, das da sprudelte. Dann streichelte er mit seiner Hand über meinen Bauch nach unten und begann sanft meine Schamlippen zu massieren, meinen Kitzler zu berühren, um mit der anderen Hand meine Hand zu nehmen und sie zu seinem Penis zu führen. Er bat mich, ihn nur zu umfassen und zu spüren und es fühlte sich richtig gut an. Ich hab das bisher immer nur getan, weil ich es tun musste, aber bei ihm fühlte es sich einfach richtig, freiwillig und gut an. Er war gar nicht fordernd, nur zärtlich und hat mir dabei immer in die Augen gesehen, was mir schon ein bisschen peinlich war. Also begann ich ihn auch vorsichtig zu massieren und merkte, wie sein Atem heftiger wurde und ganz unerwartet auch meiner. Ich hatte das Gefühl bald zu zerplatzen, mein Körper zitterte und irgendwann waren seine Finger in meiner Scheide, während ich immer noch seinen Penis in meinen Händen hielt. Ich fühlte wie alles ganz stark in mir zu pulsieren begann, als Chris mich fragte, ob ich ihn einlassen wollte. Und wie ich es wollte … ich nickte nur und öffnete meine Schenkel, bis er über mich glitt und in mich eindrang - ganz sanft, so, wie er es schon ein paar Mal zuvor getan hatte. Aber diesmal war alles anders, weil ich alles so neu wahrnehmen konnte. Vorsichtig begann er mich zu stoßen und küsste mich dabei weiter - das Wasser klatschte überall hin. Ich rutschte fast mit dem Kopf unter Wasser, so stark wurde meine Lust, und mein Körper, der immer stärker zu zittern und pulsieren begann, bäumte sich auf, bis ich unerwartet von einer Explosion überrollt wurde. Das muss ein

Orgasmus gewesen sein. Es war ein starkes Gefühl, das wie eine heiße Welle meinen gesamten Unterleib ausgefüllt hat und dann wild nach oben explodiert ist. Ich hatte tatsächlich einen Orgasmus und starrte Chris nur mit großen Augen an, der meinte: „Sara, du bist wunderschön - ich hab das Gefühl, du bist etwas ganz Besonderes." In dem Moment brach ich in Tränen aus. Er drehte den Whirlpool ab und nahm mich in seine Arme, um dann mit mir gemeinsam aus der Wanne zu steigen. Er selbst war ja noch gar nicht gekommen. Ich fühlte mich so schuldig und fragte ihn, ob das nicht schlimm für ihn wäre. Er meinte, er hätte doch noch die ganze Nacht dafür Zeit. Dann trocknete er mich ab, trug mich ins Bett und gab mir dieses schöne Päckchen, das ich neugierig öffnete. Stell dir vor, ich bekam einen Ring. Dann steckte er mir diesen Ring an den Finger, mit den Worten: „Sara, ich habe noch nie ein Mädchen so geliebt und begehrt wie dich und das ist mein Geschenk, das dich immer daran erinnern soll - wie lange auch immer du mit mir sein möchtest." Wie ist das möglich, Magdalena, ich hab ja gar nichts Besonderes getan?! Und sein Brief an mich … ich hab nur mehr geheult. Er hat dann noch das kleine Tischchen und all die vielen Kerzen zu unserem Bett getragen. Dann habe ich mich irgendwann beruhigt und ihn gefüttert und zu streicheln begonnen - zu küssen und zu berühren. Und schon kurz darauf habe ich mich auf ihn gesetzt und … es war einfach so unglaublich intensiv, was ich erlebt habe. Magdalena, was hast du denn mit mir gemacht, dass ich plötzlich so viel fühlen kann? Ich bin richtig verliebt und …

Hoffentlich ist es ok, dass ich dir das alles so geschrieben habe, aber ich hab hier ja sonst keine Freundin. Du bist die Einzige, der ich echt vertrauen kann - danke für alles.
Deine Sara

Du merkst, wie sehr mich diese Zeilen berühren, mein Geliebter. Zitternd sitze vor dem PC und bin zu Tränen gerührt. Sie hat es tatsächlich geschafft, sich zu öffnen. In unglaublich kurzer Zeit wurde aus diesem verängstigten Reh eine lustvolle und liebesfähige junge Frau: *‚Danke, Christopher! Es gibt doch wirklich wunderbare junge Männer - einige, die ebenso einfühlsam und respektvoll sind wie mein eigener Sohn…'*

Während mir immer noch die Tränen über die Wangen rinnen, ziehst du mich hoch, nachdem du die E-Mail auch gelesen hast, und meinst nur: „Mein Engel, sie hat es verdient, genauso wie du. Du hast ja keine Ahnung wie tief ich dich liebe und begehre, mein wundervolles Weib."

‚Oh doch Isaias, ich habe eine Ahnung - ich habe es noch nie zuvor in so tiefer Verehrung und echter Hingabe von einem Mann gespürt und ich bin unendlich dankbar dafür,

unendlich.'

Und es gibt offensichtlich immer wieder Wunder, die geschehen und all die Wunden der Vergangenheit wegwaschen können - für ein wahrhaft erfülltes Leben...
Für ein in Lust und Liebe gelebtes Leben.

Wie sehr ich solch ein Leben Sara und all den tief verletzten Frauen, die ihr traumatisches Schicksal überwunden haben, hier auf Erden wünsche!

Ich selbst darf es gerade erleben...

Susan und Richard

Wenige Tage nach meinem Geburtstag, den ich wieder einmal auf dieser schönen Tropeninsel genossen habe - in vollendeter Zweisamkeit mit Isaias - beginnen wir unseren ersten Paar-Workshop im wunderbaren Ambiente des *Capitán Dulché*. Dieser traumhaft schöne Platz ist nicht weit von unserem Haus entfernt - die gesamte Anlage wird für diese vier Tage ausschließlich unserer Gruppe zur Verfügung gestellt.

Der Titel unseres Workshops lautet diesmal:

To LIVE in LUST and LOVE
From relationship to sacred relationship
From sex to pure ecstasy to sacredness

Bereits das gemeinsame Dinner zum Auftakt unserer vier Tage nahmen wir dort in geschlossener Gesellschaft zu uns, um am Morgen danach mit der Gruppe unseren Workshop zu eröffnen.

Es hat schon sehr friedvoll begonnen - mit einem wunderschönen Meditationsritual am Morgen, zuerst am und dann im Wasser, in dem wir uns auf uns selbst, unseren Partner oder unsere Partnerin und auf alle Anwesenden in der Gruppe einstimmen konnten.
Auf der großen Wiese eröffneten wir anschließend gemeinsam mit Susan und Richard, die alles hier mit uns organisiert und vorbereitet hatten, diesen Workshop, in dem wir nun in vier intensiven Tagen mit fast ausschließlich amerikanischen und kanadischen Paaren einen transformierenden Wandel in göttlich gelebte Beziehungen erleben. Wie auch immer jedes dieser Paare bereit sein wird, sich tief in diesen Prozess einzulassen, kann es möglich sein, einige Schritte in eine neue Richtung zu gehen.

Susan und Richard leben diese Form einer ‚*sacred relationship*' schon bald 20 Jahre. In dieser gesamten Zeit wurde Susan von Richards Liebe so umfangen und getragen, dass es ihr offensichtlich gegeben ist, ihre Lebertransplantation, die mit ihren damals 50 Jahren durchgeführt worden ist, schon so lange auf magische und besondere Weise zu überleben. Sie war bereits dem Tode geweiht und bekam im letzten Moment die Spenderleber, um nun über die Zeit jeder schulmedizinischen Prophezeiung hinaus immer noch zu leben. Welch ein Segen - sie hätte sonst niemals diese einzigartige Liebe erfahren können. Susan lernte Richard erst mit 55 Jahren kennen. Als ich die beiden vor knapp 13 Jahren auf Hawaii kennengelernt habe, hat sich in mir der Satz geprägt: *Das, was wahrhaft Heilung bringt, ist die Liebe*. Diese unbeschreibliche Liebesaura, die damals diese beide Menschen umstrahlt hat, hat mich zutiefst berührt und, obwohl ich sie nur an einem Abend erleben durfte, in mir den tiefen Wunsch geweckt, genau so eine Liebe zu erfahren. Noch viele Jahre habe ich darauf gewartet - jetzt ist es mir gegeben, sie wahrhaft zu erleben - in jedem Augenblick meines Seins. Und ich genieße darin jeden einzelnen Moment. Susan ist heute sowohl psychisch als auch physisch gesünder, als sie es je zuvor gewesen ist, und ihre Liebe und Sinnlichkeit erfüllender, als sie es sich jemals erträumen hätte können - das mit bereits fast 75 Jahren.

So genieße ich hier jeden einzelnen Moment, in dem wir uns vom Feld dieses gemeinsamen Getragenseins berühren lassen und harmonisch ineinanderfließend unsere Übungen mit all den hier anwesenden Paaren gestalten. Bevor wir so ganz in die tiefen Ebenen des sinnlich liebenden Seins mit den Paaren eintauchen, lesen Richard und Susan aus ihren Liebesaufzeichnungen, die sie immer wieder in Verehrung zu dem, was sie miteinander erleben durften und dürfen, gemacht haben.

Wir haben diese Offenbarung für den zweiten Nachmittag geplant - zu einem Zeitpunkt, in dem die Vertrautheit der Gruppe schon stark spürbar war und bevor wir die Paare in eine sinnlich liebende gemeinsame Nacht entlassen wollten.

Es erweckt den Anschein eines heiligen Moments, in dem die beiden im Wechsel zu lesen beginnen - sich dabei immer wieder mit zärtlichen Blicken ansehen und mit sanften Berührungen liebkosen. Sie scheinen von einem Zauber umgeben zu sein, wenn sie all das lesen, was ihrer Seele und der irdischen Liebe füreinander entsprungen ist.

Während Richard liest, sehe ich ein sanftes Zittern in Susans Gesicht...

Aus: The Book of Our Sacred Love
Hingabe

Susan, meine Geliebte,
heute widme ich mein Leben ganz dir. Du bist mein Atem, meine Seele. Die leuchtende Schönheit, die von dir ausgeht, erfüllt mich mit solch süßer und zarter Seligkeit, dass ich in Tränen ausbrechen muss, wenn ich dich anblicke. Jeder exquisite Moment mit dir erscheint in meinem Geist wie eine Träne. Jede Liebkosung strömt glühend durch meinen Körper wie ein Fluss von tausend Sternen.

Es gibt einen Seins-Zustand, in den Susan und ich eintreten, wenn sich unsere Liebe vollkommen anfühlt. Es ist unser „heiliger Raum". Die Qualität unserer gemeinsamen Erfahrung, wenn wir in diesem Bewusstseinszustand sind, ist unvergleichbar. Wir nennen es Paradies. Jeder geringere Zustand vermittelt uns ein Gefühl, die Zeit würde uns entfliehen, sowie eines von Schwermut und Mangel. Wir sind im Exil und werden tun, was zu tun ist, um die Tore des Paradieses zusammen wieder zu eröffnen.

Wenn Susan liest, erbebt Richards Körper...

Aus: Susan´s Love Journal

Wenn mein heiliger Geliebter und ich in der heiligen Kommunion zusammenkommen, fühlt es sich so anders als weltlich an. Wir gehen in ein anderes Universum ein, das über den Himmeln strömt und in dem wir in Einheit verschmelzen. Nichts kann uns davon ablenken, vollkommen ineinander vertieft zu sein in dieser Einheit. Bei jedem Zusammenkommen gibt es diesen spontanen Schauer der Erregung in der Anerkennung des Wiedererkennens. Wir sind uns sicher, dass wir für immer zusammengehört haben. Unsere Gefühle der Liebe und Dankbarkeit sind so intensiv, dass sie uns unverzüglich in einen tranceähnlichen Zustand versetzen. Wir sind in Ehrfurcht vor der Tiefe der Gefühle, die reine Liebe erschaffen kann, um in die Anwesenheit der Einheit zu verschmelzen. Die Schönheit der Erregungen, die in uns klingt, wird jedes Mal mehr verstärkt, wenn wir uns einander hingeben und verehren und damit die schönste Musik erschaffen, die wir jemals gehört haben.

Richard:
Wie nehme ich Susan wahr, wenn ich in unserem heiligen Raum bin? Ich nehme sie als das für mich wertvollste Wesen auf der Erde wahr. Ich bin für ihre Existenz unbeschreiblich dankbar, grenzenlos dankbar. Und der Moment der Seligkeit erscheint ewig.
Innerhalb meines Körpers gibt es einen warmen Fluss der Energie. Mein Geist ist in Frieden. Die Umgebung erscheint mir heilig, unabhängig von allen äußeren Bedingungen.
Wie fühlt sich dieses Exil an? Darin gibt es unterschiedliche Abstufungen. Die mildeste Form des Exils fühlt sich gewöhnlich an. Susan ist dann wie immer, eine wunderbare, schöne Frau, die ich liebe und deren Leben ich mich übergeben habe. Sie lebt in ihrer Welt und hat ihre Gedanken, Gefühle und Sorgen. Ich lebe in meiner eigenen getrennten Welt und habe die meinen. Vielfach teilen wir unsere Welten und Erfahrungen. Oft ist unser Geist mit vielerlei Gedanken beschäftigt. Susan ist beschäftigt, ihr Nest zu gestalten, eine schöne Umgebung zu erschaffen und ihre Gesundheit zu erhalten. Ich

bin mit meiner „Geschäft-igkeit" beschäftigt. Wir beide verbringen Zeit im Kontakt mit unseren Familien und Freunden.

Susan:
Nach fünfzehn Jahren Ehe wird Leben gewöhnlich durch eine Serie von Gewohnheiten, ereignislosen Tagesarbeiten, weltlichen lästigen Arbeiten - und auf eine gewisse Weise alltäglich in der Art des Zusammenseins. Aber was ist es nach allen jenen Jahren, das mein Leben so außergewöhnlich macht?
Es ist, dass ich es zutiefst schätze, mit meinem geliebten Mann zu sein, was immer einen gewöhnlichen Tag in eine außergewöhnliche Erfahrung auf einer täglichen Basis verwandelt. Wir haben keine Erwartungen. Und doch - nach dem Erwachen jeden Morgen streben wir beide danach unsere Liebe und Zuneigung zueinander auf so viele kreative Arten wie möglich im Laufe des Tages zu demonstrieren. Hinter all dem ist eine zwingende Kraft, die uns in des anderen Arme und Körper zieht, die stärker ist als ein Elektro-Magnet.
Was auch immer wir gemeinsam machen, wird mit Gnade, Leichtigkeit, Vereinbarkeit und gegenseitiger Rücksicht getan.

Richard:
Mit anderen Worten ist dieses Niveau des Exils größtenteils ein angenehmer und vertrauter Zustand, in dem unser Geist mit täglichen

Tätigkeiten und Aktivitäten beschäftigt ist und unsere Herzen auf Automatikmodus geschaltet scheinen. Von diesem Zustand ist es leicht, wieder in unseren heiligen Raum einzutreten. Alles, was wir tun müssen, ist anhalten - einander eine Zeit lang halten und fühlen, wie sehr wir einander lieben. Unsere Gefühle überwältigen uns leicht, wir küssen uns weich, blicken einander an und wissen, dass wir wieder „zu Hause“ sind.

"Guten Morgen, mein schöner Engel, Prinzessin, geliebte Geliebte! Uns ist ein anderer Tag zusammen gegeben worden. Ich bin so dankbar. Ich liebe dich so sehr! Mein Körper ist mit Liebe zu dir erfüllt - zum Überlaufen erfüllt."

Das ist die Art, wie Susan und ich einander täglich jeden Morgen begrüßen. Es ist kein Ritual, keine Formel. Wir wachen mit einer Erregung der Verwirklichung auf, dass wir lebendig sind und gesund - und gerade nur wenig von einander entfernt. Es könnte ganz anders sein. Ich bin 71 Jahre alt und Susan 73. Viele unserer Freunde und Menschen, die wir kennen, sind in ernsten physischen Schwierigkeiten. Sie können den Morgen bloß mit einem Gähnen, einer Träne oder einem Angstgefühl grüßen. Wir jedoch sind Teenagern ähnlich, wenn es zur bloßen Lebenskraft kommt, in der wir uns vereinigen. Wir lieben einander einmal oder zweimal (manchmal dreimal) beinahe jeden Tag. Wir können niemals genug voneinander bekommen.

Susan:
Leben ist ziemlich leicht für uns gewesen, seitdem wir zusammengekommen sind, aber im Laufe der Jahre haben wir eine Art und Weise zu kommunizieren entwickelt, die ein hohes Niveau des gegenseitigen Vertrauens und der Liebe zueinander aufgebaut hat.
Es gibt dieses unheimliche Verlangen, dauerhaft in des anderen Armen und von dessen Körper umschlungen zu sein. Vereinigung mit meinem geschätzten Geliebten ist das Eintauchen in einen Ozean der Seligkeit mit einem Rhythmus der Wellen, die stärker und vibrierender werden, während sich die Energie aufbaut. Wenn mich diese Wellen überrollen, bringen sie mich fort zu Plätzen, an denen ich nie zuvor gewesen bin. In meinem trancenähnlichen Zustand werde ich immer in ein erhöhtes Niveau der Entzückung und Ekstase gebracht. Es ist nie dasselbe!

Richard:
Jedes Mal, wenn ich Susan berühre, ist es eine Erregung. Wir lieben es einander - vor der Vereinigung selbst - lange Zeit zu berühren und uns Worte der Liebe zuzuflüstern, was keine ausgeprägte Veränderung in unserem Lieben darstellt, aber eine noch tiefere Verwebung unserer Körper und Seelen, des Geistes und unserer Gefühle erlebbar macht. All das in einem ungeheuer zarten, heiligen Fluss der

Energie, die in uns, außerhalb von uns und um uns herum ist, begleitet durch das weiche Stöhnen und Flüstern und die vielfachen süßen Orgasmen. Es erklingt wie Vogelgesang beim Sonnenaufgang.

Ich verehre Susan. Es gibt nichts an ihr, das ich nicht schätze. Jeder Blick, jedes Wort, jeder Geruch, jede Bewegung ihres Geistes, die Art, wie sie auf das Leben blickt und sich mit Dingen befasst, ihre Verwundbarkeit, ihre Ängste, ihre Hoffnungen, ihre Extravaganz, ihre außergewöhnliche Großzügigkeit, ihre Liebe für Schönheit - ihr Strahlen, ihr Strahlen, ihr unendliches STRAHLEN.

Susan:

Wie kann diese Ekstase sich weiter und weiter zu größeren Erfahrungen entwickeln? Es gibt kein solches Ding wie eine „einmalige Lebenserfahrung“ für mich, weil jede Begegnung so kraftvoll und einzigartig ist und jedes Mal großartiger als jene zuvor.

Es gab eine Zeit vor langer Zeit in meinem Leben, als mein Körper unfähig war, Gefühle oder Berührungen „zu fühlen”. Es war quälend für mich, dass ich gefühlt habe, mein Herz würde zu Stein erstarren. Als ich berührt wurde, konnte ich nichts empfinden. Als ich mich berührt habe, gab es kein Vergnügen, weil ich leblos geworden war.

Nach Jahren der Erfahrung, meinen Glauben zu ändern und an mir zu arbeiten, bin ich

allmählich imstande gewesen, Gefühle und Emotionen in mein Leben zurückzubringen.
Jetzt, nach dem Erwachen jeden Morgen, bin ich glücklich, den Atem des Lebens zu atmen, und meinen Körper zu berühren. Mein Körper ist fast 74 Jahre jung und ich bin in ihn verliebt, wie ich es nie zuvor gewesen bin. Ich berühre mich überall zärtlich und bin imstande, Erregungen der drängenden Lebenskraft innerhalb meiner selbst zu erleben. Ich liebe den gottgegebenen Vorzug, das Schwelgen im Vergnügen meines eigenen heiligen Körpers erfahren zu können.
Zu diesem Punkt zu kommen hat mir erlaubt, mir, meiner Spiritualität, meiner Leidenschaft und meiner Verwundbarkeit zu vertrauen, um mein Herz, das zu Stein erstarrt war, völlig schmelzen zu lassen und dieses Herz, diesen Körper zu öffnen, um mich völlig dem heiligen Göttlichen hinzugeben durch den göttlichen geliebten Partner. Seine so sanfte Liebe ist der Liebe und Verehrung für mich in der höchstmöglichen Form gewidmet. Dieser großartige Erguss seiner Liebe durchflutet mich manches Mal wie die Wellenbewegungen in einem Strom. Zu anderen Zeiten strahlt diese Liebe durch mich wie Blitzschläge. Die Nachricht ist immer dieselbe, die ich für ihn habe: Die ganze Liebe, die ich innerhalb meiner selbst und um mich habe, lasse ich in dich strömen. Du bist die Quelle der Liebe und des Lebens und meiner ewigen Seele.

Wenn mein Geliebter Schauer diese Liebe in mich strömen lässt, spüre ich jede seiner Berührungen, jeden Atemzug, jede einzelne Liebkosung, und ich weiß, dass ich zutiefst geschätzt werde, geradeso wie ich ihn schätze. Und wir werden eine andauernde Steigerung in der Ekstase alle Tage unseres Lebens erfahren!

Richard:
Susan ist ein Engel. Viele Leute sehen diese engelhafte Qualität in Susan. Sie hat genug Erfahrung hinter sich - ein wirklich hartes Leben. Aber es gibt eine Unschuld, eine Frische und Reinheit in ihr, die von allem, was sie durchlitten hat, unberührt geblieben ist. Sie ist eine Kind-Frau, sowohl weise als auch naiv. Sowohl ihr Körper als auch ihr Geist sind weich, sinnlich, verspielt, gebend, zart, bange, fein, herzlich und voller Lachen.
Sie schläft jetzt, während ich das schreibe. Ich höre ihren Atem in ihren Körper eingehen und ihn verlassen und werde mit einem Gefühl der Heiligkeit erfüllt. Welch unglaubliches Geschenk Gott in mein Leben gebracht hat! Ich betrachte keinen Atemzug als selbstverständlich, weder den ihren noch meinen eigenen. Jeder Atemzug ist ein wertvolles Geschenk. Ich will im nächsten Moment aufhören zu schreiben, sodass ich mich zu ihrer Bettkante knien und über sie wachen kann, während sie schläft. Wenn ihre Augenlider zucken, will ich mich niederbeugen und sie sanft küssen. Und wenn

sie mich anlächelt, will ich "Guten Morgen, mein Engel" wispern, „Ich liebe dich so sehr." Ich will mich nach unten beugen und mit meinen Lippen sanft über ihre Fingerspitzen streifen, um ihre Handflächen zu küssen, bis sich ihre Augen wieder schließen und sie erneut in den Schlaf sinkt. "Guten Morgen, meine geliebte Susan. Ich bin so dankbar für dein Sein. So unendlich dankbar."

Susan:
Was bringt dieses große Glück in unser Leben? In der Lage zu sein, diesen Tanz der heiligen Seele zu tanzen? Das Göttliche wartet auf uns, um unsere Herzen der furchtlosen Fülle der Liebe zu öffnen, die uns erwartet, wenn wir uns vollkommen hingeben.
Mir ist das größte Geschenk des Lebens einer heiligen Anwesenheit gegeben worden, die sich so vollkommen und ganz öffnet, mich zu lieben, zu verehren und zu empfangen. Alle meine vorigen Erfahrungen schwinden dahin und ich kann nicht einmal mehr eine Unze von mir vorenthalten, um mich so völlig meinem heiligen Geliebten hinzugeben. Die Schleusen des Himmels öffnen sich und ich werde mit den heiligen Wassern unserer Liebe gereinigt, wenn sie über mich fließen und ich sie in der unbeschreiblichen, unaussprechlichen Ekstase zur Erlösung bringe. Zusammen steigen wir über die Himmelssphären auf und verschmelzen in Einheit.

Dankbarkeit überwältigt uns, wenn wir durch unseren Tag gehen, wissend, dass, egal was wir beschließen, gemeinsam oder getrennt zu tun, unsere Herzen zusammen in diesem Paradies verweilen, weil wir jetzt wissen, dass das Geschenk der heiligen göttlichen Anwesenheit reine Liebe ist.

Tief berührt und erfüllt von diesen Worten der beiden Liebenden lassen wir die anwesenden Paare in vollkommener Stille in eine Begegnung tiefer Versenkung miteinander eintauchen, um sie danach in eine Nacht einer möglicherweise *göttlichen Vereinigung* ziehen zu lassen.

Am nächsten Morgen bitten wir alle, sich nach einer friedvollen Morgeneinheit eine halbe Stunde hinzusetzen und mit Worten ihre Lust, ihre Liebe, ihre Sinnlichkeit und Hingabe zum oder zur Geliebten zum Ausdruck zu bringen.
Alle sitzen in tiefer Stille und schreiben ihre Gedanken nieder.
Anschließend liest Susan noch einmal aus ihren Texten - über ihr Empfinden in jener *Nacht der vollen Mondfinsternis*, die auch ich einst kurz vor meiner Heimkehr von der Isla Mujeres - allerdings zu dieser Zeit allein um 2 Uhr in der Früh am einsamen Strand - erlebte.
So offenbart uns Susan erneut Ausschnitte ihrer Aufzeichnungen von jener Nacht, die schon eine Zeit lang zurückliegt:

Der Vollmond erhebt sich, während meine Augen weich auf das wunderbare durch dieses vollkommene Glühen geworfene Licht blicken. Die stille Macht des Windes hebt vorsichtig mein Haar über meine Schultern und liebkost meinen nackten Körper wie Schmetterlingsflügel, die meine Seele berühren. Ich stehe auf dem Balkon unseres Schlafzimmers, meine Hände ruhen auf dem Gitter der Veranda, um meine zitternden Glieder zu halten.
Mein geliebter Rich und ich befinden uns in der Fülle der geweihten heiligen Kommunion, sogar jetzt wo er schlafend in unserem Schlafzimmer wenige Schritte von mir entfernt liegt. Der Mond wirft auf seinen köstlichen nackten Körper, der in tiefem Samadhi schläft, einen Glanz, der ihn wie einen ‚himmlischen Engel' aussehen lässt.
Dann erinnere ich mich daran, dass er einer ist, weil nur Engel befähigt sein können, diese Einheit der heiligen Kommunion zu fühlen, selbst wenn sie physisch abwesend sind.
In dieser Einheit umschlungen zu sein ist ein Phänomen der atemlosen, sprachlosen Entzückung in Ekstase geworden.
Mein Körper zittert immer noch in der Fülle, die ich jedes Mal erlebe, wenn mein Geliebter nicht mehr in mir ist.
Ich bin mir dessen bewusst, dass dieses Niveau des Vibrierens der Liebe mit unserem Verstand nicht zu erfassen ist, doch fühlen wir es ganz

stark in unseren Seelen und unseren Herzen - unaufhörlich, sowohl wenn wir getrennt als auch zusammen sind.
Diese Dimension der andauernden Ekstase bringt mich zu einem Verstehen des „Lebens und Liebens in vollkommener Präsenz" und der reinsten Form unserer Essenz (in der wir immer schon die Möglichkeit gehabt haben, zu sein) in einer Weise, wie ich sie nie für möglich gehalten hätte.
Orgasmus ist so viel mehr als eine schöne Erfahrung geworden. Unglaublich beglückender Orgasmus ist andauernd, eine vollkommen neue Art und Weise „zu sein". Die Erregung von ein paar Momenten ist nicht mehr flüchtig. Die Gefühle erfassen mich innerhalb meines Körpers als wären sie sein bester Freund, mich daran erinnernd, dass absolut alles möglich ist, wenn es keine Begrenzungen mehr gibt - wenn ich mich daran erinnere, dass diese Gefühle daraus wachsen, indem ich mehr und mehr in bewusster Achtsamkeit verweile, immer im gegenwärtigen Moment lebend und liebend. Die Erinnerung daran,völlig in meinen Gedanken gegenwärtig zu sein, zeigt mir auf, dass das, was mir Schmerz und Leiden verursacht, mein Egobewusstsein ist. Wenn ich mich daran erinnere, meine Gedanken und Überzeugungen zu ändern, so gibt es nur Schönheit, gibt es nur Präsenz und reine Liebe.
Die Winde tragen Wolken über die Fülle des schönen Mondes und die Schatten der Erde

veranlassen sie, in eine Spur von Röte verfärbt zu werden. Ich schwebe zurück in unser Bett und lächle in mir selbst, um für einige Momente zu schlafen, immer wieder erwachend, um den Mond zu beobachten, während er in den dunkelroten Schatten der Erde eintaucht.
Unsere Körper kehren irgendwann endgültig zum Bett zurück, nachdem wir Zeugen dieser majestätischen Macht der Natur geworden sind, des stillen Dramas des Mondes, der sich blutrot verfärbt und des unbeschreiblichen Wunders oder Lichts innerhalb von uns selbst.
Wir begreifen die Wahrheit dessen, wie unsere Leiber und Seelen zu fühlen berufen sind, um in dieser Fülle der Liebe zu verweilen.

Nachdem Susan geendet hat, halten wir alle in tiefem Schweigen inne - nichts ist zu hören als das Rauschen des Meeres, das Zirpen der Zikaden und der Wind in den Ästen der umliegenden Bäume. Wir danken dieser mutigen Frau für die Offenbarung dessen, was sie mit Richard erfahren darf und genießen noch, den wenigen anderen zu lauschen, die ihre kurz gefassten Zeilen von zuvor auch mit uns teilen wollen.
Ein wunderbarer lyrischer Text ist von Adam, der diesen tatsächlich in der kurzen Zeit verfasst hat:

Ich danke dir, Geliebte,
für unsere letzte Liebesnacht.

Das Feuer hat sich hier ganz neu entfacht,
nach über 30 Jahren, die ich mit dir sein darf.
So vieles ist dem Alltag schon entglitten,
die Liebe und die Leidenschaft
schien fast erloschen.
In meinem Herzen wusste ich jedoch,
wie sehr ich dich noch immer liebe
und auch begehre,
als jene Frau, die du nun bist.
Wie sehr ich dieses schöne Mädchen
damals doch unbedingt erobern wollte,
in unseren Jahren der Jugend.
Durch vieles hier in unserem Leben
sind wir schon durchgegangen,
bis wir am Feuer unserer Sinnlichkeit
uns nicht mehr wärmen konnten.
Durch das, was hier für uns sich offenbarte,
bemerkte ich erst wieder,
wie lustvoll sinnlich du doch bist
und welch gar wunderbare Frau
mich durch das Leben hier begleitet hat.
Als du dich gestern mir
in deiner schönen Nacktheit offenbartest,
begann mein Feuer wild zu lodern,
die Lust und unsere Leidenschaft.
Wie sehr hab ich mich doch danach gesehnt!
So dank ich dir, wunderbares Weib,
für deine wilde Sanftheit letzte Nacht.
Ich durfte wieder ganz dich neu erobern,
dich neu entdecken und erforschen.
Als du mir deine wunderschöne Blüte öffnetest,
drang ich in dieses Paradies,

in dem ich lange Zeit die Wunder
nicht mehr wahrgenommen.
Deine Ekstase, neu entfacht,
genoss ich allzu sehr.
Dein Körper, der sich unter meinem wand.
Dein Mund, der wieder stöhnte voller Lust.
Das Zittern deines Beckens,
als ich dich tief durchdrang.
Und dann dein Höhepunkt,
den ich schon lange
nicht mehr hab erlebt mit dir,
und dem ich dann voll Leidenschaft
mit meinem folgen konnte.
All das hat mich zutiefst bewegt.

Mögen wir nun so weitergehen,
vereint durch unsere Liebe,
und immer wieder neu das Feuer unserer Lust
zum Leben voll erwecken.

Als Adams Frau Lilian diese Worte von ihrem Mann hört, bricht sie in Tränen aus und ich spüre eine Berührung durch den gesamten Kreis aller Anwesenden strömen.
Es ist unglaublich, was in diesen Tagen alles geschehen ist.

Somit endet die gemeinsame Zeit mit unseren Paaren in einem Feld tief erfahrener Liebe und Sinnlichkeit.

Susan, Richard und wir beide lassen nach dem

Heimgehen der Anwesenden all das Erlebte noch am Steg beim Sonnenuntergang tief in uns nachwirken, um uns dann voneinander beinahe wortlos zu verabschieden.

Wir beide - mein Geliebter und ich - betreten schweigend unser Heim und umarmen uns inniglich, um uns langsam, Schritt für Schritt, gegenseitig zu entkleiden ... weiterhin wortlos gemeinsam eine warme Dusche zu nehmen, Hand in Hand in *unseren Liebestempel* zu gehen und einander zu halten, bis wir in unser Bett sinken, in dem wir in Stille ineinander verschlungen in eine weitere Dimension göttlich erlebter Ekstase aufsteigen …

Albaluz und William

Am Morgen nach unserem sinnlichsten Paar-Workshop, den wir bisher erlebt haben, wachen wir auf und blicken uns voller Strahlen an. Obwohl unser beider Hunger groß ist - wir haben gestern Abend keinen Bissen mehr zu uns genommen, so unendlich erstreckte sich unsere Reise in eine unbeschreibliche Ekstase, die uns in andere Welten trug, aus denen wir direkt in den seligen Schlaf geglitten sind - ist unser Hunger, voneinander erneut zu kosten, umso stärker. Ich bin unendlich erfüllt und freudestrahlend und doch von neuer Lust getragen, sodass ich dir die dünne Decke vom Körper ziehe und diesen überall mit Küssen liebkose. Wie köstlich du duftest nach unserer intensiven Liebesnacht und wie salzig deine Haut schmeckt. Dein wundervoller Lingam ist erneut vollkommen in Erwartung und ich genieße den Anblick des Liebesstabes, der mir immer wieder von Neuem unendlich viele Freuden schenkt. Ganz sanft nehme ich ihn zwischen meine Finger, beginne ihn rhythmisch und auf meine besondere Weise zu massieren, während ich mit meinen Lippen sanft die Eichel umhülle, diese mit meiner Zunge umkreise und vorsichtig mit meinen Zähnen darauf vibriere. Gemeinsam mit Händen und Mund genieße ich es, mich diesem Spiel hinzugeben, während dein Atem heftiger wird und mich noch mehr in Erregung bringt. Wie sehr ich es liebe, den Tanz deiner Energien zu begleiten und mich in deinen Rhythmus mit einzuschwingen. Irgendwann meinst du lustvoll erregt: „Meine Göttin, lass mich dich ganz spüren." Also gleite ich langsam mit meinem nackten Oberkörper über deinen nach oben, blicke dir tief in die Augen, küsse begehrend und doch sanft deinen Mund, um mich danach aufzurichten und aus dieser Position deinen Lingam in meine pulsierende Yoni einzulassen. Dann verharre ich in Stille - wir beide verspüren nur das Pochen, jenes, das schon in der Stille an Intensität gewinnt und mich bereits in einer sanften Welle nach oben trägt. Ich lasse mich von dieser Welle tragen, bevor ich mit meinen Hüften zu kreisen, zu wippen und in immer heftiger werdenden Bewegungen nach meinem Rhythmus der Lust zu tanzen beginne, so intensiv und wild, bis ich zu einem ungezügelt werdenden Ritt durch die Weite der Ekstase aufbreche…

Ein göttlicher Morgenbeginn mit dir, mein Geliebter, der mich zuletzt in deine Arme sinken lässt, sicher und geborgen, bis wir beide

zur Ruhe gekommen sind.
Bei einem köstlichen Frühstück, bei dem ich nun wirklich spüre, wie lange ich schon nichts mehr gegessen habe, lassen wir alle Besonderheiten der letzten vier Tage Revue passieren - es waren tatsächlich außergewöhnliche Tage.

Besonders gefreut habe ich mich über die Teilnahme von Albaluz und ihrem Geliebten William. Wie sehr auch sie sich schon unendlich lange nach einer schönen Partnerschaft gesehnt hat, erfuhr ich, als ich bei ihr in ihrem Haus auf der Insel sechs Monate Auszeit verbracht hatte. Oft haben wir über unsere Sehnsucht und unsere nicht geglückten Beziehungen aus der Vergangenheit gesprochen. Genau wie ich war auch sie diejenige, die sich auf Männer eingelassen hat, die nicht frei waren und sie daher ebenso in der Rolle der heimlichen Geliebten ihr Auslangen finden musste. Wir beide haben damals gemeint, diese Position nicht mehr erleben zu wollen und beschlossen, nur mehr bereit zu sein, uns einem Mann zu schenken, der frei für uns ist. Ich habe dann tatsächlich das Glück gehabt, nicht allzu lange danach tatsächlich *meinem Mann* zu begegnen, Albaluz musste ein bisschen länger warten. Allerdings hat sie schon damals gemeint, noch nicht ganz bereit zu sein für einen Mann, während ich mir völlig sicher gewesen bin in dem, wonach mein Herz sich zutiefst gesehnt hat.

Tatsächlich scheint immer alles zum richtigen Zeitpunkt zu geschehen.

William ist Albaluz oftmals bei ihren Morgenspaziergängen aufgefallen, doch war er jedes Mal zu weit entfernt, um mit ihm ins Gespräch zu kommen. Als er dann aber vor knapp acht Monaten, kurze Zeit nach unserer Abreise nach Mallorca, wieder einmal für längere Zeit auf der Insel verweilte, um sich um eines seiner Häuser, das er damals umbauen ließ, zu kümmern, stand er unvermutet um 7 Uhr in der Früh vor ihr und sprach sie an. Sie erzählte uns, wie unglaublich nervös sie in dem Moment geworden war und sich wie ein Teenager gefühlt habe mit ihren knapp 60 Jahren. Ich kann mir gut vorstellen, wie ihre Stimme und Ausstrahlung fast mädchenhaft geworden sind - ich habe sie manches Mal so erlebt, wenn sie unsicher war. Schon für den nächsten Abend hat er sie zum Dinner ins *Hotel Rolandis* eingeladen. So sollte es geschehen, dass sie ein Paar wurden. William war schon fast sieben Jahre Witwer und vollkommen frei. Außerdem ist er Vater von drei erwachsenen jungen Menschen, von denen ihn die beiden älteren auch schon zum Großvater gemacht haben. Christopher, sein jüngster Sohn, hat noch ein Jahr seines Studiums zu absolvieren, um danach im Unternehmen seines Vaters einzusteigen.

Albaluz habe ich so entspannt und heiter wie in den letzten Tagen noch nie zuvor gesehen. Sie wirkt sehr glücklich an der Seite dieses Mannes, der ihr nicht nur ehrliche tiefe Zuneigung und Verehrung zeigt, sondern sie auch nach Strich und Faden verwöhnen kann. Ich freue mich unglaublich mit ihr. Albaluz ist ein herzensguter Mensch - sie fühlt sich mit ihren mexikanischen Wurzeln tief verpflichtet, für ihre Mutter und Schwester Sorge zu tragen, was ihr an der Seite eines wohlhabenden Mannes, der auch Familiensinn hat, sicher um vieles leichter fällt. Was mir in den letzten Tagen besonders aufgefallen ist, ist eine neu entfachte Sinnlichkeit in dieser eher zurückhaltenden und unsicheren Frau. Sie ist in dieser kurzen Zeit, in der sie mit William auch schon einige Monate in seinem Zuhause in Texas verbracht hat, zu einer selbstbewussten, lustvollen Frau erblüht. Ich habe sie gebeten, mir unbedingt zu berichten, was sie mit William Neues erfahren darf, wenn sie nach unserem Workshop mit ihm wieder für einige Zeit in seine Heimat aufbricht. Er möchte sich noch längere Zeit nicht in den Ruhestand begeben, aber doch in Zukunft immer mehr Verantwortung für das große Unternehmen an seine beiden Söhne und seine Tochter abgeben.

Es ist sehr berührend, in das Leben und die Geschichten so unterschiedlicher Menschen Einblick zu bekommen, und einige von ihnen auf ihrem Weg ein Stück zu begleiten.

Wir beide genießen im Moment einfach das Sein und die Möglichkeit, uns all den Dingen zu widmen, die uns wirklich Freude bereiten - zu lesen, zu schreiben, zu meditieren und Yoga sowie Qigong zu machen, gut zu essen, im Meer zu schwimmen, die Sonne zu genießen, Freunde zu treffen, zu lachen, uns zu lieben und oftmals bloß miteinander in der Stille zu verweilen. Dieses wortlose Verstehen zwischen uns gewinnt immer mehr an Tiefe. Wir planen unsere neuen Projekte und überlegen nun doch, ob und wo wir ein gemeinsames Zentrum eröffnen wollen, ein *Zentrum für Begegnung und Heil-Sein*, in dem wir den Schwerpunkt auf die Bereiche *Sinnlichkeit, Erotik und Liebe* setzen wollen. Es soll ein Zentrum für all jene Menschen werden, die ihr Leben in einer lustvollen liebenden Form gestalten wollen, für Menschen, die ganz ihren Herzenswünschen folgen und bereit sind zu neuen Ufern aufzubrechen. Wir schwelgen in unseren Visionen und sind uns sicher, dass dieser Planet wahrhaftig ein Paradies sein kann, wenn Männer und Frauen sich in hingebender Liebe miteinander auf den Weg machen.

Wir beide glauben an diese Vision, *wahre Einheit auf Erden zu leben.*

Tatsächlich ist schon Ende Februar ein Brief in

unserer Post - von Albaluz und William - an uns beide adressiert:

Liebe Magdalena, lieber Isaias,
zuallererst einmal möchten wir uns bei Euch bedanken - für eines unserer außergewöhnlichsten Erlebnisse, das wir beide in unserem Leben hatten. Ich, William, habe mir zuerst gedacht, ich komme nur mit, weil Albaluz es sich so sehr gewünscht hat, bei Euch dabei zu sein. Was dort gewesen ist, hat alle meine Erwartungen gesprengt. Schon als wir uns bei Susan und Rich kennengelernt haben, war mir klar, dass Ihr so wie die beiden eine besondere Ausstrahlung habt. Eure Liebe und Harmonie und all das im Zusammenwirken mit unseren Freunden hat eine Atmosphäre entstehen lassen, wie ich sie nie zuvor in einer Runde von Menschen erlebt habe. Ich habe gespürt, dass es für alle Anwesenden zu einer eigenen Magie wurde, was mit uns allen geschah, obwohl ja im Außen nicht wirklich außergewöhnliche Dinge passierten. Zusammen mit meiner geliebten Albaluz ist dann so viel geschehen.

Ja, und ich, Albaluz, habe immer schon gewusst, dass Du etwas Besonderes bist, meine liebe Freundin - so wertschätzend wie du mich schon damals behandelt hast, hat mich noch nie zuvor ein Mensch berührt. Deine liebevolle Art hat sich jetzt mit Isaias noch intensiver verstärkt,

weil Du jetzt auch eine unbeschreibliche Ruhe und innere Balance ausstrahlst. Es war einfach wunderbar, mit Euch diese Tage zu erleben.
Und weil Ihr uns allen auch Mut gemacht habt, unsere Sinnlichkeit und Leidenschaft so frei und freudvoll auszuleben und Euch davon vielleicht auch etwas zu berichten, lasst uns jetzt ein wenig von dem mit Euch teilen, was wir in letzter Zeit Wunderbares erlebt haben.

Zuerst einmal habe ich, William, einfach gewagt, schon nach diesen wenigen Monaten meine wunderbare Geliebte zu bitten, meine Frau zu werden. Wozu sollen wir denn in unserem Alter noch länger warten? Ich habe bereits nach wenigen Treffen gewusst, dass ich mit dieser Frau meinen Lebensabend verbringen möchte. Und stellt Euch vor, sie hat mich bloß mit großen Augen fassungslos angesehen, den Mund vor Schreck weit offen, als wäre sie unter Schock - dann sind ihr die Tränen heruntergeronnen und sie meinte bloß: „Du willst mich heiraten? Meinst du das im Ernst?“ Ich konnte diese reizende Frau nur mehr in meine Arme ziehen und sagen: „Wen denn sonst, außer dich? Aber du bist mir noch eine Antwort schuldig.“ „Ja William, ja - ich weiß doch nicht, wie man in so einer Situation reagieren soll … ich hab ja keine Ahnung. Ja, William, natürlich möchte ich gerne deine Frau werden.“ Tränen sind geflossen und alle ihre Masken sind plötzlich gefallen - vor mir stand nur mehr diese verzauberte, bezaubernde Frau, die mir wie ein unschuldiges Mädchen erschien und so verletzlich war.

Und ich, Albaluz, ich wusste überhaupt nicht, wie mir plötzlich geschah - ich werde heiraten! Mit über 60 erstmals einen Heiratsantrag zu bekommen ist doch etwas Unglaubliches, oder? Irgendetwas ist in diesem Moment geschehen. Ich blickte in Williams Augen und wusste endlich, was wirkliche Liebe ist - ich hatte ein tiefes Gefühl, das meinen gesamten Körper durchströmte und sich anfühlte, als könnte ich fallen, und werde gehalten, als würde ich fliegen und mich zugleich auflösen. Nein, eigentlich ist das ein unbeschreibliches Gefühl - ich habe es zuvor noch nie in meinem Leben gespürt. Als William mich dann in seine Arme genommen hatte und nur hielt, ganz innig hielt, wusste ich, ich bin zu Hause angekommen ... und alles, was danach geschah, erlebte ich in einem Zustand, den ich als Betäubung bezeichnen möchte, obwohl ich in jedem Moment alles so tief erlebte wie niemals je zuvor. Und deswegen lasse ich meinen lieben William weiter berichten.

Was dann nach meinem Heiratsantrag geschah, war einfach außergewöhnlich. Irgendwie hatte ich das Gefühl, Albaluz würde jeden Moment umkippen - sie wirkte so unglaublich zerbrechlich. Daher nahm ich sie einfach an der

Hand und führte sie in unser Schlafzimmer, damit sie sich hinlegen konnte. Sie bat mich, mich neben sie zu legen - sie wünsche sich so sehr meine Nähe. Daraus entstand dann etwas Unbeschreibliches. Sie begann nur meine Hand zu halten - ihre Augen geschlossen, aus denen wieder stille Tränen strömten, bis unsere Finger sich lösten und zärtlich zu umspielen begannen, wir uns im selben Moment zueinander drehten und uns ansahen, während unsere Fingerkuppen sich weiter sanft berührten. Ich hatte das Gefühl als würde ich sie sehen wie nie zuvor, als würde sie sich mir offenbaren mit allem, was sie ausmachte, als würde sie mir ihre Seele zu Füßen legen, damit ich sie nehmen und würdigen kann. und ich tat es. Ich sprach all die tiefe Hingabe und Verehrung aus, die ich für sie empfand, während sie mich mit einem Blick ansah, der ihr gesamtes Wesen offenbarte, in einer Reinheit und Schönheit, die mich zutiefst faszinierte. Sie begann langsam ihre Bluse zu öffnen, um mir ihre Brüste zu zeigen, ohne jegliche Scham, die sie bis zu diesem Zeitpunkt immer in sich getragen hatte, wenn sie sich vor mir entblößte. Ich löste ihren BH und liebkoste diese wundervollen Brüste, während sie mich weiterhin ansah und ihr Atem intensiver wurde. Sie streifte ihre Bluse und ihren BH ganz ab, begann ihren Rock zu öffnen, um auch diesen über ihre schönen Beine gleiten zu lassen, sodass sie nun beinahe nackt vor mir lag. Ich sah in ihr die Göttin, die sie ist und in tiefer

Verehrung berührte ich sanft ihren Leib, der leicht zu beben begann, während sie mich immer noch ansah, direkt und doch so, als würde sie weit in die Ferne schauen. Ich berührte die Härchen ihrer Vulva ganz sanft, um mit meinen Fingern ihr Heiligtum zu erforschen, während ihr Atem weiter anstieg, ihr Unterleib rhythmisch zu pulsieren begann und ich mit meinen Lippen diese Pforte eroberte, nachdem ich langsam ihr Höschen ausgezogen und nun diese Frau ohne Scham vor mir hatte, die sich dem Moment so ganz und gar hingab, damit ich sie verehren und lieben konnte. Langsam begann ich mich auch zu entkleiden, ohne je meinen Blick von ihrer Schönheit abzuwenden und mich daran zu erfreuen. Mein „Lingam“ - wie Ihr dazu sagt - war genau so bereit wie ihre „Yoni“, doch wollte ich den Höhepunkt unserer Begegnung noch eine Weile hinauszögern, um diesen mir endlich ganz offenbarten und geschenkten Körper noch intensiver zu erforschen, mit meinen Händen, meinen Lippen, meinen Blicken. Ich tat es, bis ich bemerkte, wie sehr sich alles in meiner Geliebten danach sehnte, mich aufzunehmen um mit mir zu verschmelzen. Sie blickte mich immer noch wortlos an, als ich langsam die Pforte betrat und in sie glitt, so von ihr empfangen, wie niemals zuvor - weich und offen. „Ich gehöre ganz dir, mein Geliebter“, kam stöhnend aus ihrem Mund, bevor ihr Atem sich weiter aufbaute und mich mitnahm in ungeahnte Dimensionen der

Herrlichkeit. Wir liebten uns in tiefer Verehrung … ich hatte wahrlich das Gefühl, nicht nur mit dieser Frau eins zu werden, sondern auch die Männlichkeit und Weiblichkeit all dessen, was uns hier ausmacht, für alle Ewigkeit in die Einheit zurückzuführen.

Eigentlich war bereits diese Begegnung der Akt unserer Vermählung … eine Verschmelzung auf göttlicher Ebene, von der ich nicht einmal geahnt hatte, dass es sie geben könnte.

Wir danken Euch für die Schlüssel, die Ihr uns durch Euer Sein in dieser Frequenz, die Euch, aber auch Susan und Richard, erstrahlen lässt, in diesen Tagen, die wir mit Euch verbringen durften, übergeben habt - sie können Tore in hohe Sphären des Eins-Seins öffnen.
Albaluz und William

PS. Wir wünschen uns sehr, Euch bei unserer Vermählung in der äußeren Welt begrüßen zu dürfen … das Datum ist derzeit noch nicht festgelegt.

Wir blicken uns an - berührt, dankbar, voller Liebe und Hingabe ... auch unsere Blicke verschmelzen und tragen uns in Ebenen der Göttlichkeit, in denen wir unsere freud- und lustvolle tiefe Liebe jeden Tag von Neuem erfahren und leben können.

Epilog

Es ist wahrlich unglaublich, was mir dieses wunderbare Leben endlich ermöglicht - ich darf mit meinem Mann, der meine Seele, mein Herz und meinen Körper auf unbeschreiblich tiefe Weise berührt, meinen wahren Lebensauftrag erfüllen - Menschen berühren und begleiten. Unsere Arbeit ist so sehr Erfüllung, dass sie nichts anderes geworden ist als ein integrierter Bestandteil eines außergewöhnlichen Lebens, das wir beide miteinander verbringen und in Dankbarkeit füreinander genießen.

Im selben Jahr werden wir auch noch Zeugen des Lebensbundes einiger wundervoller Menschen sein - Albaluz und William bereiten ein großes Hochzeitsfest, bei dem sie gemeinsam mit Williams Sohn, Christopher, und Sara, die sehr bald schon ein Kind empfangen hat, diesen neuen Weg in ein gemeinsames Leben beschreiten. Sara scheint mit ihrer Vergangenheit gut abgeschlossen zu haben und möchte ihrem Kind ein warmes und liebevolles Zuhause gestalten. Sie weiß, dass sie immer mit meiner Unterstützung rechnen kann.

Auch die jungen lesbischen Mädchen haben die Herausforderung angenommen und ihre Eltern vor vollendete Tatsachen gestellt. Diese waren anfangs schockiert, wollten und konnten sich aber letztendlich dem Glück ihrer Töchter doch nicht in den Weg stellen. Die beiden sind nach ihrem Auslandsjahr nach Frankreich zurückgekehrt und haben dort den Bund der Ehe geschlossen. Neben ihrer Tätigkeit als Lehrerinnen reisen sie an viele verschiedene Plätze, um gemeinsam mit anderen homosexuellen Menschen Freiheit, Toleranz und Gleichstellung der Partnerschaften in allen europäischen Ländern in diversen Veranstaltungen und über ihre Vorträge zu propagieren.

Wir beide haben noch vieles vor in unserem gemeinsamen Sein.

Ob wir weiterhin auf Mallorca und auf der Isla Mujeres leben werden, ist noch offen, nachdem wir beschlossen haben, uns vollkommen dem Fluss des Lebens anzuvertrauen, weil nun auch Isaias´ Kinder nicht mehr auf seine unmittelbare Nähe angewiesen sind. Unsere Kinder wissen jedoch, dass wir in jedem Moment für sie da sein werden, in dem sie uns brauchen. Dennoch sind wir vollkommen frei, ganz unseren eigenen

Weg zu beschreiten und diese Möglichkeit auch jedem unserer Kinder zu gewähren. Wie wichtig es ist, dem eigenen Herzen zu folgen, weiß ich am besten aus meiner eigenen Lebenserfahrung, weil ich diesen Weg viel zu lange nicht beschreiten konnte - eingeengt durch die Zwänge und Vorstellungen anderer. Es hat mich krank gemacht - einmal sogar an die Schwelle des Todes getrieben - und ich habe mich nur schwer aus all dem befreien können, um mir dieses wahrhaft erfüllende, wundervolle Leben zu ermöglichen. Jetzt lebe ich mit aller Sinnlichkeit und Lebensfreude, die ich mir in jedem Moment erlaube zum Ausdruck zu bringen. Ich liebe und ich lebe - ich bin diese glückliche Frau, die ich mir immer so sehr zu sein gewünscht habe.

Wir beide wissen, wie wertvoll *unsere heilsame, heilige, geheiligte Partnerschaft* für uns selbst ist und für all jene, die wir durch unser Strahlen berühren dürfen. Wir feiern das Fest unserer Liebe, unserer sinnlichen Lust, unseres so einzigartigen gemeinsamen Lebens jeden Tag unseres Seins in jedem Moment, der uns miteinander geschenkt ist - in vollkommener Hingabe und Dankbarkeit.

Berührt betrachten wir den Vollmond, der uns mit seinem Licht warm und strahlend umhüllt - wir blicken einander tief in die Augen und wissen, dass wir zusammengehören.

Wir wussten es in jenem ersten Moment, in dem wir uns in einer *magischen Vollmondnacht* auf Santorin, einer griechischen Insel begegnet sind.

Unser Atem kommt und geht, wir umarmen uns und zärtlich berühren sich unsere Lippen, um sich zu einem innigen Kuss zu vereinen, unsere Körper beben sanft und nehmen jede Schwingung des anderen wahr. Es ist ein gemeinsames Schwingen unserer Zellen, das sich zu einem Tanz in einer harmonischen sinnlichen Verschmelzung im Eins-Sein wiederfindet.

Wir blicken uns wieder und wieder an - mit unseren Augen, die unsere Seelen widerspiegeln, und wir wissen, dass wir niemals getrennt waren und ewig ineinander weiter leben, auch wenn es im menschlichen Sein so vieler Herausforderungen bedarf, um wahrhaft Einheit zu erleben.

Eines weiß ich gewiss - ich werde meinen Auftrag hier auf Erden mit all meiner Leidenschaft und Liebe erfüllen - allein und gemeinsam mit meinem geliebten Mann - für ein umfassend ***in Lust und Liebe gelebtes Leben***, das uns allen hier gegeben sein soll.

Namasté.

Nachwort... Für alle Frauen und Männer

Ich habe *meine Passion* gefunden!

Diese ist, Frauen zu einem *In LUST und LIEBE gelebten LEBEN* zu begleiten, und ich bin gerade dabei, sie zu verwirklichen.

Ich richte nun meine Worte an all die wunderbaren Frauen hier auf Erden, um Euch zu vermitteln, wie wertvoll Ihr seid und wie sehr es mir am Herzen liegt, einen neuen Weg in die Einzigartigkeit gelebter Einheit hier in unserem Mensch-Sein aufzuzeigen.
Wir Frauen sind die Tore für die Männer ... und gemeinsam mit ihnen können wir durch diese Tore schreiten, um wahre Wunder zu erleben.

Durch meine Zeilen möchte ich auch all die Männer erreichen, die bereit sind, durch diese Worte die Frau und ihre Weiblichkeit möglicherweise besser verstehen zu lernen.

Ich fühle mich als eine *Botschafterin der Liebe*, die in Lust gelebt werden darf und möchte Euch aufzeigen, was alles möglich sein kann. Wir Frauen sind jene, die sich *hin-geben*, um den Männern zu ermöglichen, zu *geben*. Durch Eure weibliche Hingabe und sein Geben erhält der Mann von Euch das Geschenk seiner wahren Männlichkeit zurück. Ihr nehmt das Männliche auf und habt die Fähigkeit, die Energie zu verwandeln, indem Ihr vollkommen in der Präsenz des Moments verweilt. Damit könnt Ihr in Euren Vereinigungen in bewusster Achtsamkeit aber auch durch unterschiedlichste Bewegungen Eurer Vaginalmuskulatur - in Kreisen, Spiralen, Achterschleifen - die Energiefrequenz zwischen Euch anheben. Dies ermöglicht bei vollkommener Bereitschaft von Euch beiden, gemeinsam zu multiplen Orgasmen zu gelangen. Diese Ekstase zeigt sich in einer unendlichen Weite und Grenzenlosigkeit - in einem Gefühl vollkommener Einheit. Der Mann kann sie erfahren, ohne zu ejakulieren, die Frau kann diese Wellen in der Unbeschreiblichkeit erfüllender Verschmelzung erleben. All das jedoch bedarf der Basis tiefen gegenseitigen Vertrauens und für die Frau eines Gefühls vollkommener Sicherheit, die sie bei diesem Mann erleben darf.

Ich bin mir dessen gewiss, dass es uns Frauen gegeben ist, mit unserer Energie den Männern

neue Dimensionen zu eröffnen.
Lasst es zu, Eure vollkommene Schönheit und Euren Selbstwert anzuerkennen und Euch dessen bewusst zu sein, dass Ihr in jedem Moment um Eurer selbst willen zu lieben seid - es bedarf keiner Gegenleistung, um Liebe zu erfahren…

Seid Ihr bereit Euch mit mir auf eine solche Reise zu umfassender Weiblichkeit zu begeben?

Und Ihr wunderbaren Männer, könnt Ihr es zulassen, Euch der Intensität und Urkraft einer weiblichen Frau zu ergeben, die Euch dafür das Geschenk Eurer umfassenden Männlichkeit zurückgeben wird?

Seid Ihr Frauen und Männer, Männer und Männer, Frauen und Frauen in all Euren Beziehungen miteinander bereit, schon hier auf Erden wahre Einheit in lustvoller Liebe leben zu wollen?

Danksagung

Mit dem Abschluss meiner drei Bände dieser *Erotischen Trilogie*, die ich im Jahr meiner *Einkehr und Freiheit* geschrieben habe, möchte ich all jenen Menschen danken, die mich zu irgendeinem Zeitpunkt in diesem Leben ein Stück meines Weges begleitet haben. Mit jedem Menschen auf meinem Weg konnte ich ein wenig mehr zu der Frau werden, die ich nun bin.

Meine tiefste Dankbarkeit erlebe ich für meine beiden Kindern, die mir sogar in den schlimmsten Phasen das Leben lebenswert erscheinen ließen und die für mich die wertvollsten Geschenke sind, die mir das Leben gegeben hat. Ohne meinen Exmann und Vater dieser Kinder wäre dieses Geschenk unserer Liebe nicht möglich gewesen - dafür danke ich ihm sehr, und dafür, dass ich mir sicher bin, erst dann wieder einen Mann heiraten zu wollen, bei dem ich ein mindestens ebenso starkes JA in mir spüre, wie ich es damals für ihn in mir wahrgenommen hatte, auch wenn wir unseren gemeinsamen Weg nicht allzu lange gehen konnten.

Ein großes Danke gilt meinem besten Freund und Geschäftspartner Kurt, der mir beim Verlegen der Bücher zur Seite steht und sowohl die Homepage als auch die Covers mit viel Kreativität gestaltet hat. Allerdings wäre dieses kraftvolle, edle Design nicht ohne die künstlerischen Fotos von Danila Amodeo, mit der jede Fotosession zu einem lustvollen Erlebnis wird, zustande gekommen - vielen Dank der wunderbaren Künstlerin.

Ganz herzlich danke ich meiner Tante, die mich nach dem Lesen meiner vielen *Lyrischen Prosatexte* ermutigt hat, auch in anderen Bereichen zu schreiben.

In großer Dankbarkeit fühle ich mich meinen wenigen aber umso wertvolleren Freundinnen verbunden, die mir immer hilfreich zur Seite stehen und wirklich für mich da sind, wenn der Hut brennt, ganz besonders Laura, die mir auch geniale und lustvolle Impulse für viele Geschichten gegeben hat.

Einem seit ewigen Zeiten tief vertrauten Freund, der mich in meinen Stunden der Verunsicherung und Zweifel immer unbeschreiblich gestärkt hat, nicht aufzugeben, gilt ein besonderes DANKE.

Aber vor allem bedanke ich mich auch herzlich bei den wunderbaren Menschen, vor allem Frauen, die mir beim Überarbeiten der Bücher hilfreich mit Korrekturen und einigen Verbesserungsvorschlägen zur Seite gestanden sind.

Und letztendlich danke ich dem Leben selbst, in dem ich auch in schweren Situationen getragen wurde und immer wieder Momente der Lebensfreude und lustvollen Liebe erfahren durfte.

Wer nun auch vielleicht neugierig geworden ist, die beiden anderen Bände zu lesen, erhält hier einen kleinen Rückblick darauf, wie alles begonnen hat und weitergegangen ist:

Rückblick

LUST ~ volle ~ LUST
Band 1

Magdalena ist eine lustvolle Frau, die wieder einmal ungezügelt all ihren Fantasien freien Lauf lassen und sich hemmungslos ihrer Leidenschaft hingeben möchte…

Ich musste mir keine Konstrukte aufbauen, um mich als anständige Frau zu erleben, ich musste mich für nichts verurteilen, schon gar nicht, wenn ich meine Lust in ihrer exzessivsten Form leben wollte. Kurze Zeit danach geschah es dann, dass jener Mann auftauchte, der mir das ermöglichen sollte und mir den Weg in die absolute sexuelle Befreiung auf allen Ebenen eröffnete.
Ich tauchte ein in eine Welt, in der all meine unbändige Lust gelebt werden durfte, ohne dass ich mich auch nur im Geringsten als Hure oder Schlampe fühlte.
Ich genoss und genieße und werde noch vieles genießen, ich bin trotz all meiner Erfahrungen ein unglaublich lustvolles Weib geblieben und genieße Sex in jeglicher Form - in ungezügelter Hemmungslosigkeit und manches Mal ebenso in absoluter Stille und im bloßen Sein.
Es ist die Vielfalt, die ich mir zu leben erlaube.
Einschränkungen machen wir uns immer nur

selber.

So teile ich nun Erlebnisse, die eine Verwebung gelebter Realität mit Fantasien darstellen, und wünsche mir, viele Menschen mit meiner unbändig gelebten Lust zu inspirieren.

In diesem Band möchte ich die Vielfalt der Lust und Ekstase aufzeigen und vermitteln, dass eine Frau nach einem sexuell sehr intensiven Leben, in dem sie durch eine Vielzahl unterschiedlichster sexueller Erfahrungen gegangen ist, ein nochmals wirkliches Zulassen aller Facetten lustvoll gelebter Sexualität erlebt.

Doch das, wonach ihr Herz sich wirklich sehnt, ist etwas viel Tieferes...

LUST ~ volle ~ LIEBE
Band 2

In dieser Geschichte soll sich die pure Lust zu einem Erleben in wirklicher Liebe vertiefen.

Wir alle sind aus Lust empfangen worden, viele von uns auch in Liebe - so hat unser Leben seinen Ausgang genommen, so wird das Leben weiter gegeben. Im ersten Band habe ich Möglichkeiten unbändiger Lust - gelebt mit einem wunderbaren Liebhaber, verwoben mit lustvollen Fantasien - aufgezeigt.

In diesem Band meiner Trilogie wird eine aufregende, aber auch romantische Liebesgeschichte dargestellt. Magdalenas größter Wunschtraum darf sich endlich erfüllen. Sie begegnet einem Mann in einer Vollmondnacht, um mit ihm ein Jahr lang, bei jedem Vollmond, eine wunderschöne Wiederbegegnung in einem *Fest der Lust* - das jedes Mal auch mehr zu einem *Fest der Liebe* wird - zu erleben. Isaias überrascht Magdalena jeden Monat, mit einem Ticket, das sie zu ihm an einen immer anderen Platz auf diesem Planeten bringen soll. Von Paris, über Venedig, auf die Kanaren und nach Thailand, in die Weite des australischen Outbacks, in eine verschneite Berghütte und an weitere Orte wird sie gebracht, um mit ihm Zeit zu verbringen und zu genießen. Sie muss lernen vollkommen zu vertrauen, denn zwischen den berauschenden Begegnungen herrscht Stille zwischen ihnen.
Beim elften Vollmond wird er sie besuchen, beim zwölften ist sie bei ihm eingeladen.
Das erste gemeinsame Jahr wird beim 13. Vollmond seinen Abschluss finden.
Was sie erwartet, weiß sie nie.

Wohin es führt, ist eine Überraschung.

Vorschau

Ein kleiner Auszug aus meinem autobiografischen Roman, der nächstes Jahr verlegt wird:

Überlebt ~ um zu LEBEN

Es ist mir nun klar geworden, warum ich beinahe drei Jahre warten musste, um dieses Buch veröffentlichen zu können. Es ist zu einem Zeitpunkt geschrieben worden, in dem ich zwar in meinem höheren Bewusstsein um die eigene Schöpferkraft wusste und doch nicht fähig war, in dieser zu leben. Zu sehr stellte ich all das Geschehene primär aus der Sicht des Opfers, das ich zweifellos oftmals war, dar. Am Geschehen selbst hat sich nichts verändert, aber an meinem Blickwinkel auf die Vergangenheit.
Ich habe auch immer wieder Weltgeschehnisse in meine Geschichte mit eingewoben, um in dieser Kombination aufzuzeigen, wie sehr alles verbunden ist - der Makrokosmos sich auf den Mikrokosmos jedes Einzelnen auswirkt und dasselbe im Kollektiv auch umgekehrt seine Wirkung zeigt.
All das Beschriebene ist mir als jene Alma Magdalena, die ich hier auf Erden bin, in meiner Wahrnehmung tatsächlich geschehen, doch erst jetzt erkenne ich, dass es mich zu jener starken und bewussten Frau werden ließ,

die Euch nun bittet, daraus Mut zu schöpfen, zu erfassen, dass nichts im Leben so schlimm sein kann, um es nicht doch im Licht der Erkenntnis in einen Segen zu verwandeln, der einen wahrlich reifen lässt.
Außerdem ist mir bewusst geworden, dass jene Vergebung, die ich zu verspüren glaube, nichts anderes ist als tiefe Versöhnung in mir mit meiner Vergangenheit, so wie ich sie aus meiner Sicht erlebt und nun in all den Kapiteln beschrieben habe.
Erst wenn wir unsere Schöpferkraft erfassen und für all das, was uns das Leben schenkt, dankbar sind, können wir die Fülle, die uns immer schon gegeben war, in der Einfachheit des Daseins erleben.

Prolog

Nichts ist es, was mit menschlichen Worten wirklich dargelegt werden kann.
Dennoch will ich versuchen, hier aus meiner menschlichen Existenz heraus, zu beschreiben, was eigentlich unbenennbar ist. Ich weiß, dass Menschen mich verstehen wollen, und gebe daher mein Möglichstes, verstanden zu werden, mit dem Wunsch, dass sie es in erster Linie mit ihren Herzen lesen mögen. Wie viel lieber ich doch die Herzen berühren möchte, als bloß den Verstand, wie viel lieber ich doch Weisheit statt Wissen weitergeben will und doch nichts

anderes als die Begrenzung der Worte für alles, was sich durch mich ausdrücken möchte, zur Verfügung habe.

Nun lasst mich beginnen zu erzählen.
Sie - die sie jetzt ein weibliches menschliches Wesen ist - war reines Bewusstsein, war im reinen Licht, war selbst Licht, war Nichts.
War *NICHTS* und doch *ALLES* in diesem Sein, in dieser einen universellen Kraft, in dieser einen großen Seele, in der wir alle *EINS* sind, niemals das eine vom anderen getrennt.
Sie WAR und WAR NICHT zugleich - alles zerfloss in dem einen Licht in dieser Existenz - in Gott - wie wir in unserem menschlichen Dasein es benennen - obwohl doch dieses *GROSSE* unbeschreibbar, unbenennbar, unerklärbar ist - nicht mit unseren Worten, nicht mit unseren Begrenzungen. Es ist die höchste Schöpfungsebene, in der sie war.
Fühlte sie? Sie fühlte und doch nicht - alles war zugleich und doch nicht existent. Es ist die Unbeschreiblichkeit dieser Existenz, eine Unendlichkeit - ohne Anfang, ohne Ende, ohne Oben, ohne Unten.
Diese Unbeschreiblichkeit, in der alles sich entfalten kann, weiten, ausdehnen, zusammenziehen, auftauchen und verschwinden.

Sie war und sie ist - ein Teil des Lichts …